いい女は、"去る者"を追わない

その恋、ただの執着です

見知らぬミシル

大和出版

はじめに

幸せな恋愛をしたいのに、なぜかうまくいかないあなたへ

「ちゃんと恋人として付き合えず、いつも彼の言いなりになっている」

「ずっと元彼のことが忘れられない」

「不安になる恋愛ばかりで、関係が長続きしない」

あなたは、こんな悩みを抱えていませんか?

この本では、「自分を苦しめる思い」を手放せないことを「執着」と定義します。


はじめまして。「見知らぬミシル」と申します。

僕は現在、Twitterを中心に活動しており、ありがたいことに14万人以上の方にフォローいただいています。

Twitterでの活動以外にも、カウンセラーとして、これまで1400件以上の電話

相談を受けてきました。

そのなかで、気づいたことがあります。

それは、とても多くの女性が、「執着」に苦しんでいるということ――。

この「執着」の特徴を簡単に紹介すると、

「相手を尊敬も信頼もできないのに、関係をやめられない」

「付き合ってから、なぜかメンタルが悪化した」

「ほかの何よりも『私だけを見てほしい』と思っている」

などが挙げられます。

ここまで読んで「えっ、全部当てはまるけれど、ダメなことなの？」と思いましたか？

でも安心してください！

そんなあなたにこそ、ぜひ、最後までお付き合いいただきたいのです。

ところで、あなたが思う〝いい女〟とはどのような女性でしょうか？

いろいろな解釈ができると思いますが、僕は1つの答えとして、「潔い女」というものがあると思います。

要するに、「自分の元から去る者を追わない女」です。

片思いでも、付き合っていても、別れたあとでも、自分に気のない男性を想い続けるのは、とてもつらいものですよね。

でも、潔く「去る者は追わない」という決断ができたとき、あなたはきっと、今よりもっと素敵で美しい〝いい女〟になることができるはずです。

本書は、恋愛で苦しい思いを抱えているあなたのために書きました。

なかには、あなたにとって、厳しく、残酷な内容もあるでしょう。

しかし、覚悟と勇気を持って読み進めれば、確実にあなたは〝いい女〟へと変わり、今よりもっと幸せな恋愛ができるはずです。

では、準備が整ったら、ぜひ本文へとお進みください。

見知らぬミシル

その恋、ただの執着です　目次

普通に恋したいのに、なぜか執着になってしまう女性の特徴

第3章

要注意！ あなたの執着を加速させる男性のポイント

執着を手放す女は、相手との関係を上手に育てていける

本文DTP　美創
ブックデザイン　喜來詩織（エントツ）

「好き」と「執着」を見極める 執着度判定

執着といっても、強弱や濃淡があり、白黒はっきりできないところがあります。「好き」という気持ちの中にも、多少の執着はあると思いますし、恋愛に限らず、誰しも何かしらの執着をしているといえます。

まったく執着をしない完璧な人間はいません。

したがって、あくまでも1つの目安として参考にしてほしいと思います。

現在、気になっている彼や付き合っている彼のことを考えながら、次のページの項目のうち、どれだけ当てはまるかをチェックしてみてください。

計算方法

当てはまっている数が**0～2個……執着をしていない**

当てはまっている数が**3～6個……少し執着している**

当てはまっている数が**7個以上……かなり執着をしている**

次の項目のうち、いくつ当てはまるでしょうか？

1 □ 相手と関わってから笑顔が減った
2 □ 些細なことで落ち込みやすくなった
3 □ 相手の些細な言動にイライラする
4 □ 相手の幸せを願えない
5 □ 相手を変えたいと思ってしまう
6 □ 「優しい彼に戻ってほしい」と思っている
7 □ 相手に感謝ができない
8 □ 一緒にいないときは不安になる
9 □ 尊敬や信頼がない
10 □ 「彼を信じたい」と過剰に思っている
11 □ 付き合うことに過剰にこだわっている

12 □ 「〇〇だけどいいところもある」が口癖になっている

13 □ 「彼以外に私を好きになってくれる人はいない」と思っている

14 □ 「私だけを見てほしい」と思っている

15 □ 「彼は運命の相手だ」と思っている

16 □ 「彼にいつ捨てられるのか」と怯えている

17 □ つい彼の言いなりになってしまう

18 □ 「愛されたい」と強く願っている

19 □ 結婚への焦りから好きでもない人と付き合っている

20 □ 他人の恋愛を見聞きして落ち込む

21 □ 連絡頻度といったわかりやすい指標を頼りに愛情を確認する

22 □ 「彼がいないと生きていけない」と思っている

23 □ 連絡が来ないと追いＬＩＮＥをする

24 □ 相手のスマホを見たり、ＳＮＳを監視している

25 □ 束縛をしてしまう

26 □ 不安から、相手を試す行動をしている

27 □ 相手に復讐したいと思っている

28 □ 「あのとき、こうだった」と、ことあるごとに過去を持ち出す

29 □ 元恋人のことが頭から離れられず、忘れられない

30 □ 正しさに異常にこだわっている

31 □ 不機嫌な態度をとって相手に察してもらおうとする

32 □ 付き合った途端に今までやっていた趣味をやめた

33 □ 離れたほうがいいと頭ではわかっているが、離れられない

34 □ 「彼は本当のところ何を考えているのか」と真実の追求をしている

35 □ 「なんでこんなに頑張っているのに振り向いてくれないのか」と思っている

36 □ 「今まで彼に費やしてきた時間がもったいない」と思っている

37 □ 彼に強引にアプローチされ、気づいたら好きになっていた

「好き」と「執着」には大きな違いがある

「執着」にはいろんな意味が含まれていますが、この本では「執着」を悪（不健全で手放したほうがいいもの）として捉えたいと思います。

ここでいう執着とは、「その対象や状況に強く固執し、とらわれること」です。

つまり、欲望や後悔や怒りや偏った価値観などによって生まれる「自分を苦しめる思い」を手放せないことです。

もし先ほどの項目の多くが自分の現状に当てはまっていたとしても、ダメだと思う必要はありません。

自分の現状を認識できるという意味で、むしろいいことだからです。

したがって、落ち込む必要はありませんし、自分を責める必要もありません。

「そういうことなんだ」と客観的に理解してほしいと思います。

では、次のページからは、「執着恋愛」の傾向についてお話ししていきます。

第1章

依存、現実逃避、被害者意識……もしかしたら、執着かもしれません

恋愛で悩む多くの人は、「好き」と「執着」を混合させてしまっています。
第1章では、執着の特徴、原因や背景などを詳しく解説していきます。
自分を見つめながら読んでほしいのですが、
もし自分に当てはまったとしても自分を否定する必要はありません。
すべての気づきは、あなたをよりよい方向に導くための過程です。
自分を深く理解するためのヒントにしていただければと思います。

離れたほうがいいとわかっていても離れられない

僕がおこなっている電話相談でもよく聞く内容ですが、執着しがちな恋愛で非常に多いパターンとして、理性と欲求、理性と感情が一致していないということがあります。

要するに、理性的な自分は「離れたほうがいい」と言っていて、感情的な自分は「でも離れたくない」と言っていて、脳内で自分内戦争が起きているような状況です。

そして、その自分内戦争の多くは、感情側が勝利して、結果的に執着という形になってしまいます。

なぜこのようなことが起きるかというと「恋愛感情は大切にしなければならない」という思い込みがあるからです。

確かに、喜びや悲しみなどといった感情は大切にしたほうがいいでしょう。

でも、「離れたくない」というのは、大切にするべき感情ではありません。

厳密にいうと、それは我欲であり、手放したほうがいい執着です。

感情を掘り下げていけば、そこには「つらい」「苦しい」「悲しい」といった心の声が見えてくるはずで、大切にするべきなのは、むしろそういった心の声です。

執着しているときは、余裕がなくなっていて、視野が狭まっていて、心の声が聞こえない状態になっています。

まずは、日常のあらゆるノイズを排除して、冷静に考えられる空白の時間が必要です。

あるいは、客観的な立場で話を聞いてくれるカウンセラーの存在が必要なこともあります。

疲れているときや、余裕がなくて冷静ではない状態のときは、正常な判断ができないので、まずは正常な判断ができる状況を整えることを優先してください。

「今まで費やした時間がもったいない」と思っている

先ほどの「離れられない」と関連しているのですが、離れたくても離れられない理由の1つとして、「今まで彼に費やした時間や労力が無駄になる」という考え方があります。

これはギャンブルで負け続ける人と同じ思考回路です。

つまり、「引き際を逃していて、ずっとやめられない」ということです。

こうなると、もうそこには相手が存在していません。

相手に執着しているように見えて、「過ごしてきた時間」に執着しています。

あるいは「その時間を継続させてきた自分」に執着しているとも考えられます。

いずれにしても、そうやって別れを先延ばしにして、自分を大切にしてくれない人と不毛な時間を過ごし、精神を削っていくことのほうが人生の無駄になります。

「私を大切にしない男に使う時間と労力はない」と捉えるようにしましょう。

ついつい相手が嫌がることをしてしまう

「〝追いＬＩＮＥ〟をする」「束縛をして相手の行動を制限する」「相手のＳＮＳを監視する」といった行動は執着に該当します。

もちろん、相手がそれを望んでいるなら問題ありませんが、相手が嫌な反応をしているのにもかかわらず、その行動を続けようとするのは執着です。

相手のことが好きで、大切に思っているなら、相手が嫌がっているとわかった時点でやめるべきですが、執着している場合は、不安や欲望にとらわれてしまうので、相手の反応はおかまいなしです。

「不安にさせる相手が悪い」という考え方も一理ありますが、不安なのであれば、話し合いの機会を設けるといった別の方法を模索するべきです。

このように、相手に配慮せず自分の欲望に固執することは執着になります。

相手を尊敬できない

尊敬がない恋は、ただの性欲である場合がよくあります。

単なる性欲を「好き」と勘違いしてしまうと、執着につながりやすいです。

尊敬がないとどうなるかというと、「彼の行動はおかしい」「そんなふうに考えるのは普通ではない」といったように、相手のことを否定したくなります。

また、相手の言動を受け入れることができず、イライラすることも増えるでしょう。

でも相手のことを尊敬していれば、「彼の行動には何かしらの理由や目的があるはずだから、とりあえず話を聞いてみよう」と、すぐに否定することはなくなるはずです。

尊敬がないと否定や怒りが生まれやすくなり、相手を尊重できず、結果的に執着になってしまうので、尊敬できる人を選ぶようにしましょう。

相手を信頼できない

信頼がない相手と付き合っている場合も、執着であることがよくあります。

これは、「付き合っている状況」に固執しているということになります。

不信感を持ちながら関係を継続していくということは、自分を騙していくということであり、やがて自分への信頼も失っていきます。

そして、自分への信頼を失っていくと、自分の選択に自信が持てなくなり、どんどん別れられなくなっていきます。

また、信頼がないと、相手に自分の意見が言えず、聞きたいことも聞けず、我慢し続けることになりやすいです。

そして、あるとき突然怒りが爆発したり、心が不安定になったりしてしまいます。

信頼できない人と付き合うと執着につながるので、注意しましょう。

6 付き合ってからメンタルが悪化した

「笑顔が減った」「落ち込みやすくなった」「相手の些細な言動にイライラする」などといった不調を感じたら、それは執着である可能性が高いです。

執着恋愛の場合は、確実にメンタルが悪化します。

それが何よりの証明だと思ってください。

「好きだったら悩むのは自然ではないか」という考え方もあると思いますが、悩むこととメンタルが悪化することは別問題として考えたほうがいいです。

なぜなら悩むということは、何かしらの答えを出すまでの過程だからです。

しかしメンタルが悪化するということは、身体のSOS反応であり、現状を変えたほうがいいというサインです。

したがって、「好きならば苦しくても仕方がない」と考えて正当化せずに、「執着だから手放そう」と現状を正しく認識しましょう。

「この人しかいない」と思っている

誰しも一度は「自分にはこの人しかいない」といった感覚に陥ったことがあるのではないでしょうか。

でも、大抵それは幻想だったことに後から気づきます。

ただ、執着の渦中にいる場合、人はそれが執着だと認めようとはしません。

なぜなら、執着だと認めると、自分の恋愛感情を否定することになるからです。

でも恋愛感情とは、しょせん「好き」と錯覚させる機能の1つにすぎません。

特に「彼しかいない」というような視野狭窄（しやきょうさく）は、悪い方向にエスカレートしやすく、「この人に振られたら自分は終わりだ」といった不安や恐怖につながりやすいです。

したがって、運命論を持ち出して自分の恋愛を正当化しようとしていたら、「これは執着かもしれないな」と注意したほうがいいでしょう。

相手に感謝ができない

執着している場合、相手に「こうしてほしい」と思っていることに固執して、相手の善意や優しさを見逃してしまうことがよくあります。

したがって、不満がどんどん増え、感謝がなくなっていきます。

自分がふだんどれだけ相手に感謝しているかを確認する1つの手段として、LINEのトーク画面で「ありがとう」などの感謝の言葉を入力して検索する方法があります。

相手とのやりとりで感謝の交流が頻繁に見られたら執着の可能性は低いでしょう。

日頃の会話を振り返ることも必要だと思います。

感謝が少なかったら、それだけ相手のことを見ていないということです。

自分がしてほしいことばかりにこだわるのではなく、相手がしてくれていること、しないでいてくれることを捉えるようにしましょう。

他人の恋愛を見聞きして落ち込む

「他人の恋愛を見聞きして落ち込む」ということは、他人の恋愛と自分の恋愛を比較して、自分がしている恋愛に負い目や不安を感じているのかもしれません。

ではどんな負い目や不安を感じているのでしょうか。

4つ考えられると思います。

1　他人は幸せな恋愛をしているのに、自分は不幸な恋愛をしている
2　自分の恋人は、ほかの人みたいに優れている恋人ではない
3　自分の恋愛は間違っているのではないかと不安になる
4　そもそも自分は恋愛ができていない（恋人がいない）

1の場合、他人と比較して自分の不幸さに気づいたのであれば、むしろいいことだと思います。

他人の恋愛と比較するまで、自分がどれだけ苦しい思いをしていたか気づけないこ

ともあるので、一概に他人の恋愛と比較することが悪いとはいえません。

大切なのは、苦しんでいる自分から目を背けるのではなく、そう感じてしまうのは自然であると認めることです。

2の場合は、「スペックが高くて周りから評価されるような恋人と付き合うことが幸せ」というような歪んだ価値観が根底にあります。

あなたの恋愛は周りに評価されるためにあるわけでも、インスタ映えさせるためにあるわけでもありません。

このような場合は、SNSの使い方を見直す必要があるでしょう。

3の場合は、根底に「恋愛とは、こうあるべきだ」という固定的な価値観があります。

しかし、カップルの数だけ恋愛の形があります。

たとえ、ほかの人から否定されたとしても、あなた自身がその恋愛で幸せなら何も問題はありません。

友人があなたの恋人をクズな男だと指摘したとしても、あなたが素敵な人だと思っていればそれは素敵な人なのです。

自分の選択に自信を持ってください。

または、自信が持てない選択はしないようにしてください。

4の場合は、「恋人がいることや恋愛ができることが幸せ」という限定的な価値観に縛られています。

これは、SNSやメディアの影響が大きいと思います。

もちろん恋愛ができることは素晴らしいことですが、恋愛をしても恋愛をしていなくても幸せな人生はいくらでもありますし、僕の周りでもそういう人生を送っている人はたくさんいます。

「私だけを見てほしい」と思っている

「私だけを見てほしい」というのは、ある種、相手の人生の豊かさを奪う傲慢な考えです。

ただ、誰しもそのような独占欲は少なからず備わっているとも思います。

大切なのは、独占欲を完全に消すことではなく、うまく共存しながら、適切に表現し、相手の自由を奪わないように気をつけることです。

そのためには、人間がどのように成立しているかを考えることが必要だと思います。

例えば、あなたという人間は、恋人のみによって形成されたわけではないはずです。

家族、学校での友人関係、職場の人間関係、趣味やネットのつながり、推しなど、さまざまな人たちが影響を与え、あなたという人間が形成されています。

また、映画や漫画や小説の登場人物から影響を受けることもありますし、その作品を生み出した人から間接的に影響を受けていることもあります。

このように、人間というものは単体で独立して存在しているのではなく、他者や社会や世界との相互作用の中で存在しています。

つまり何が言いたいかというと、独占欲をコントロールできずに、相手のほかの人間関係を否定するということは、相手の構成要素を否定し、相手自身を否定することにもなるのです。

確かに、付き合っているときに「ほかの人に目移りしないかな」と不安になる気持ちもわかります。

でも、恋人だからといって相手の人間関係の選択を奪う権利はありませんし、その不安をぶつけることによって、相手の気持ちが離れてしまう可能性もあります。

あなたがさまざまな人との関わりによって魅力的に生きていくことができるように、相手もほかの人との関わりによって、豊かになっていきます。

それを忘れないようにしてください。

恋人のことしか考えられない

恋人のことを考えていて、それで気持ちが満たされるのであれば問題はありませんが、「気づいたらずっと恋人のことばかり考えていて苦しい」「考えたいタイミングではないのに考えずにはいられない」という状態が続いていたら、執着の可能性が高いです。

そして、この場合は、幸せな気持ちになるから考えているのではなく、不安や違和感があるから思わず考えてしまっているといえます。

まずはその2つの区別がつくようにしてください。

また、内容も「昨日のデート、楽しかったな」といったポジティブなものではなく、執着の場合は、「彼は、本当は何を考えているのか」「彼のあの言動は許せない」といった、考えても仕方がないようなことで頭の中が支配されています。

大切なのは「それを考えて物事が好転するのか」という視点を持つことです。

真実の追求をしている

「彼は本当に私のことが好きなのか」

「あのときの発言の真意はなんだったのか」

などと、彼に直接聞いて確かめることなく、ずっと考えている人がいます。

そのような人は大抵、ネットで「〇〇のときの彼の心理」と調べたり、友人や家族などの第三者に相談したりしています。

それで納得できれば問題はありませんが、納得できないことが多いものです。

なぜ納得できないかというと、彼本人からの情報ではなく、いわゆる一般論や、その相談相手の持論だからです。

正確に分析できる人がいればいいですが、そんな人は少ないですし、相談する側も客観的な情報を伝えられるとは限らないので、第三者からの助言は期待できません。

つまり、この問題の本質は「彼に直接聞けない」というところにあるようです。

これは多くの場合、意見が言い合える関係、もしくは質問がし合える関係を築くことができていないか、もしくは「直接聞かなければわからないほど、彼のことが見えていない」ということです。

例えば「私のことが本当に好きなの？」という疑問です。

これを直接聞いて「好き」という言葉をもらい、安心できればいいのですが、おそらくそんな単純なことではないのだろうと推測します。

これについては、今まで述べてきたように、自分がしてほしいことばかりに固執していて、彼がしてくれること、彼がしないでいてくれていることが見えてないため、愛情が見えなくなっているようです。

あるいは、実際は雑に扱われているのにもかかわらず、その現実に蓋をするために彼から「好きだよ」という言葉を引き出していることもあります。

いずれにしても、ふだんから相手を観察し、コミュニケーションを取ることが必要で、それができる余裕を確保していないと、このような事態を招いてしまいます。

「〇〇だけどいいところもある」と思っている

執着している人の特徴として、「彼はたまに口調がキツくなるけど、優しいところもある」などと言って、周りがその恋愛に対して反対したとしても、彼のことを庇うということがあります。

よく話を聞いてみると、彼からひどい人格否定をされていたり、暴力を振るわれていたりするケースもあります。

これは当然、許されることではありません。

受け入れてしまえば、彼らの暴言や暴力はさらにエスカレートしていきます。

たとえ「いいところ」があったとしても「悪いところ」は帳消しにはなりません。

確かに完璧な人間はいません。

でも執着している女性の話を聞いてみると、「いいところ」で帳消しできないほどの「悪いこと」をされているケースがよくあるのです。

例えば、「金をやるから殴らせろ」と言われたら、おかしいと思いますよね。

執着している人の状況は、これと同じような構造を持っています。

彼女たちは「私にも悪いところがあるから」という呪いの言葉を唱え続け、どんどん彼らの凄惨な言動を許していきます。

彼女たちの心の内には「いつか変わってくれる」「我慢すればきっと幸せになれる」といった思いがあるのですが、そんない い未来が待っていたことが果たしてあったでしょうか。

そして、そのような不当な扱いを受け続けていると不幸な状態に慣れていき、どんどん感覚が麻痺していきます。

やがて、不幸も幸福も感じられないロボットみたいな人間になっていきます。

こうなったらもう手の施しようがありません。

そうなる前に、自分の恋愛が執着であることに気づき、一刻も早く離れることが大切です。

「彼がいないと生きていけない」と思っている

「彼がいないと生きていけない」は執着であり、依存でもあります。

そもそも、人は何かしらに依存して生きているものですが、その依存先が1つに絞られ、なおかつコントロール不可能な対象だと、途端に苦しくなってしまいます。

要するに1人の人間に依存するのは危険ということです。

そして、「彼がいないと生きていけない」は幻想です。

彼がいなくても生きていけます。

その証拠に、今まで、彼がいなくても生きてきた期間がありましたよね。

このように、執着が深まっていくと、判断力が低下し、「彼がいないと自分は生きていけない」という恐ろしい思考に陥っていきます。

被害者意識が強くなった

執着している場合は、

「あなたのせいでこうなった」

「連絡をくれない彼が悪い」

というように被害者意識が強くなってしまいます。

これは、「自分は悪くないと思いたい」という自己保身や、「かわいそうな私を認めてほしい」という承認欲求が根底にあります。

また、被害者意識が拡大すると、原因となった出来事を何度も思い出し、相手への復讐心を募らせ、不当な扱いを受けた記憶を強化していきます。

すると、どんどん攻撃的な人格になり、被害者から加害者に転化していくでしょう。

被害者意識を感じたら、執着だと気づき、手放す努力が必要です。

「頑張れば報われる」と思ってしまう

「自分が頑張ること」と「相手が振り向いてくれること」は別問題です。

この2つを別問題として考えないと、「これだけ頑張っているのだから振り向いてくれるはず」と期待を持ち続け、同時に、なかなか叶わない現実に疑問と不安を膨らませ、執着につながります。

あなたがいくら頑張っても報われない恋はあります。

それは、出会うタイミングや外見の好みなどの問題であり、あなたのアプローチの仕方の問題ではありません。

どれだけ頑張って適切なアプローチをしたとしても、それが通用しない相手は存在します。

しかし、一方で、あなたがまったく頑張らないで成就する恋も、確実に存在します。

それを忘れないでください。

相手のペースに飲まれている気がする

最初はなんとも思っていなかったのに、相手から強引にアプローチされ、気づいたら好きになっていた、という恋愛。

僕が電話相談をしているとよく聞きますが、このパターンの多くは執着です。

なぜなら、その強引さを「私に対する思いの強さ」と勘違いして、好きだと錯覚しているだけだからです。

また、その女性に「彼のどんなところが好きなのですか？」と聞いてみると、うまく答えられない場合が多く、単純に「強引なアプローチによる承認された感覚」にしがみついているということもよくあります。

相手のペースが主体の恋愛は自分のペースを失う恋愛です。

自分のペースは必ず死守してください。

相手に別れの決断を委ねている

男性の中には、気持ちが冷めていたとしても付き合い続ける人が多いです。

それには、大きくわけて次の4つの理由が考えられます。

1　悪者になりたくない
2　単純に別れるのが面倒くさい
3　一緒にいてラクだから手放したくない
4　1人になると寂しいから次の彼女ができるまでの踏み台にしている

繰り返しますが、男性には愛情がなくても付き合い続ける人がいます。

「付き合ってくれているということは、私のこと好きなのかな」

「気持ちが冷めていたら、ちゃんと振ってくれるはず」

というような考え方は通用しません。

大切なのは「彼が私をどう思っているか」ではなく「彼が私をどう扱っているか」

「私自身は彼をどう思っていて、どうしたいか」という視点です。

「彼がどう思っているか」は、追求しても正確な答えは見えてこないでしょう。

でも、「彼が私をどう扱っているか」は明白だと思います。

あなたが苦しい思いをしているならば、それが何よりの答えです。

また、決断を相手に委ねていると、いつまで経っても別れられず、別れられない自分に嫌気が差し、自己肯定感が下がり、さらに別れられないという負のサイクルに陥っていきます。

「別れるときは私から。決断を相手に委ねない」という強い決意と実行が必要です。

あなたの人生を動かすのはあなたです。

では結局、「好き」とはなんなのか

「執着」と同様に「好き」という言葉も抽象度が高く、一言ではなかなか言い表せないものだと思います。

仮に「好き」を善（健全で継続してもいいこと）とするなら、次のような基準に当てはまっているなら「好き」であると思います。

- 笑顔が見たい
- 口癖が移る
- 悲しませたくない
- 相手が悲しんでいたら自分まで心が痛む
- 相手が喜んでいたら自分も嬉しくなる
- 積極的に影響されたい
- 安心と尊敬と信頼がある

- 相手に自分らしく自由でいてほしいと思える
- 相手との思い出をどんどん増やしていきたい
- 相手と関わっているときの自分が好き
- 相手と関わることで自分をどんどん発見することができ、より好きになれる
- おいしい食べ物や美しい景色や面白い作品を共有したい

大切なのは、「何を『好き』としたいか」という視点です。

つまり「何を『好き』とすることで自分は幸せな恋愛ができるのか」という意味です。

不安や執着を「好き」としてしまうと、恋愛というものが苦しいものに変わってしまいますが、このようなものを「好き」とするならば、好きになることは素晴らしいことで、恋愛とは幸せなものであると思えますよね。

何を「好き」とするかは本人の自由です。

あなたが自分で幸せになるために自分で「好き」を決めてください。

第2章

普通に恋したいのに、なぜか執着になってしまう女性の特徴

第1章では、「執着」という現象に焦点を当ててお伝えしましたが、第2章では、「執着」しがちな女性の考え方や行動パターンについて述べていきます。

読み進めるにつれて、強い痛みを感じる人もいるかもしれません。

しかし、それは必要な痛みだと思います。

痛みなくして学びや変化はありません。

あなた自身の根本を見直すために、勇気と覚悟を持って読んでほしいです。

特徴

1

恋愛以外に夢中になれるものがない

1人の人に執着する人の最大の特徴は「暇」です。

考えてみてください。

自分のやりたいことや、やるべきことで忙しく、充実している状態のときに1人の人に執着することは可能でしょうか。

おそらくイメージしにくいと思います。

また、人は暇だと自ら悩みを作り出し、よくない妄想を展開してしまいがちです。

それほど、暇というのは諸悪の根源になりやすいものです。

したがって、不幸な恋愛をしたくないのであれば、恋愛以外を充実させる必要があります。

旅行に行く、習い事を始める、料理をする、買い物をする、ゲームをする、映画やドラマやアニメを観る、読書をする、スポーツをする、筋トレやヨガをする、絵を描く、文章を書く、ハンドメイドをする、推し活をする、ライブに行く、音楽を聴く、写真を撮る、温泉やサウナに行く、美術館や博物館を巡る、ネットで発信をするなど、この世界を楽しむ方法は無限にあります。

大切なのは、やる前から楽しいかどうかを考えずに、やってから楽しいかどうかを考えることです。

あなたが好きな食べ物も、かつて食べたことがある食べ物であるように、何事も経験をしてみなければそれが自分に合うかどうかわかりません。

1人の人に執着して人生を楽しめないのは非常にもったいないです。

いい恋愛をしたいのであれば、恋愛がなくても楽しいと思える状態を作り出しましょう。

特徴 2

不幸慣れしすぎている

例えば、パートナーから大切にされていないことに、ある種の安心感や心地よさを抱いて、離れられない人がいます。

なぜこうなるのかというと、不幸をアイデンティティにしているからです。

そして多くの場合、それは無自覚におこなわれています。

彼女たちにとって人生とは、我慢し、耐え忍ぶことであり、これは、過去の傷ついた経験からのトラウマや、我慢を美徳とする日本の教育、「お姉ちゃんなのだから我慢しなさい」といった養育者からの刷り込みなどが起因していると考えられます。

ではどうすればいいかというと、まず彼女たちがやるべきことは「私は本当にそれでいいのか？　それで納得できるのか？」と自問し、自己と対話してみることです。

それによって「私は不幸かもしれない」と気づくこともあるでしょう。

でもそれでいいと思います。

まずは苦しいと感じている自分、我慢をしている自分を自覚し、受け入れることが必要です。

それができなければ、不幸への執着を手放すことはできません。

確かに変化を求めれば、また傷つくことも壁にぶち当たることもあるでしょう。

ただ、「私はどうせ不幸なのだから、大切にされなくてもいいや」と卑屈になり、現状にしがみつく生き方に、あなたは納得できるのでしょうか。

僕はどんな生き方でも自分が納得していればいいと思いますが、まずは納得できるまで思考を起こしてみてはいかがでしょうか。

特徴

不安探しをしてしまう

不安がなく、平穏な状態になったとしても、「何か不安になるべきことはないだろうか」と不安の種を探す人がいます。

その人にとっては、不安がある状態が通常で、不安がない状態が異常なので、「不安がないこと」に不安になります。

これはもう思考の癖で、「彼に嫌われていたらどうしよう」といったように、自分にとってよくない状態になることを、わざわざ想像し、勝手に落ち込んでしまいます。

このような人は、「人は何も現状に問題がなくても、不安を探そうとすれば、何かしらの不安を見つけてしまう」という人間の性質を理解する必要があります。

つまり、不安があるから不安になっているのではなく、「不安を探しているから不安が作り出されている」と気づくということです。

大切なのは「今、何をするか」というように、「今」にフォーカスすることです。

猫や犬などの動物は、時間の概念がないために、不安になることはないといわれています。

つまり、人間は時間の概念を獲得したために、起きてもない未来のことを考えたり、過ぎ去ったことを考えたりするのです。

もちろん、場合によっては必要な不安もあると思います。

しかし、どちらにせよ、自ら不安を探しにいく必要はなく、「そのときになったら考えよう」という精神で、どんと構えることが大切です。

不安を探すのではなく、今ある楽しさや豊かさを探していきましょう。

特徴

恋愛感情を憲法のようなものだと思っている

電話相談で多いのが、「別れるべきだと思っているけれど、好きだから彼氏と別れられません」という内容です。

彼女たちはなぜか恋愛感情を「守るべき絶対的な価値基準」だと捉えていますが、自分の精神状態を悪化させてまで守るべきものなんてありません。

第1章でもお伝えしましたが、「別れたいけど、好きだから別れられない」の大半は執着です。

このように恋愛感情を重んじて自分自身を苦しめないようにするためには、恋愛感情を正しく理解する必要があります。

僕は常々、「恋愛感情は幻想を見せるための装置」だと言っています。

恋愛感情が人間に備わっていなかったらどうなるかを考えてみてください。

もしも恋愛感情がなかったら、人はピッタリと相性が合うベストな相手を延々と探し続け、時間やコストを無駄にしてしまうでしょう。

したがって、「時間やコストの削減のために、人間の本能として恋愛感情が備わっている」と捉えるのがいいと思います。

それから、執着しやすい人は「好きだから信じる」「好きだから許す」といった言葉を多用しがちです。

これも恋愛感情を憲法のように扱っている考え方です。

ではどうすればいいかというと、「好きだけど、〇〇」という言葉を口癖にすることです。

例えば、「好きだけど、このままズルズル付き合っていくと私の人生にとってよくないな」「好きだけど、信じられないところがある」といった感じです。

「好きだけど」と言うことにより、人は少し冷静になることができます。

執着恋愛に陥りやすい人は、このように口癖から思考の癖を変える必要があります。

特徴

5

相手を変えようとする

他者を変えることは非常に困難であり、相手自身が「変わりたい」と変化する必要性を感じていなければ、こちらがどんなに頑張っても無意味に終わります。

そもそも相手を変えようとしている時点で、その人自身が好きなのではなく、「自分の都合通りに変わった相手」が好きなので、健全な「好き」とはいえません。

相手に変化を望むなら、まず「それはなんのため？」と考えてみてください。

人間が変わることがどんなに難しく時間がかかるのかを実感として知っている人は、無闇に相手に変わることを求めません。

つまり、相手を変えようとする人に必要なのは、「変わることって難しいよね」という謙虚な気持ちです。

人生で大切なのは、変えられることとどうしても変えられないことの見極めです。

その2つを区別できれば、あなたの執着はだんだんと消えていくでしょう。

特徴 6

人間関係が狭く、固定化されている

恋人や好きな人にすぐ執着する人ほど、ほかに関わっている人が少なく、交流も浅いです。

そうなると、相手の存在の比重が大きくなり、その相手を失うことが、大きな欠落や強い喪失感を生むことにつながります。

結果、「絶対に失いたくない」と強く固執して、執着していきます。

したがって、「私は人に執着しやすいな」と自覚がある人ほど、分散的なコミュニケーションが必要です。

つまり、1人の人を中心に置きすぎないということです。

また、周りの人間関係を大切にしていくことによって、パートナーの周りの人間関係も尊重でき、不必要な嫉妬や怒りが生まれにくくなると思います。

特徴

7

怒りをコントロールできない

すぐに不機嫌になったり、怒りを相手にぶつけたりする人ほど、執着をしてしまう傾向があります。

では、そもそも人はどんなときに怒るのでしょうか。

電話相談で多くの人の話を聞いていて気がついたのですが、怒っている人にはある共通点があるようです。

それは「相手がしたこと（しなかったこと）を、相手が自らの意志によって選択した」と思ってしまうことです。

例えば、相手から1日連絡が来なかったとします。

これに対して怒る人は「連絡をしないことを相手は自らの意志で選択した」と考えます。

だから、「なんで連絡をしてくれないの？」と、意志の問題として扱うのです。

一方であまり怒らない人は、同じ状況になった場合、「相手は、ただ連絡ができない状況だったのだ」と考えます。

これは相手の意志による選択としてではなく、「状況や環境により、そうせざるをえなかったんだ」と捉えています。

さらに、怒りには「相手を変えようとする意志」が介在しています。

しかし、前述したように、「状況や環境によって、本人の意志とは関係なくそうなっているのだ」と受け止めることができれば、相手を変えようとするための怒りを持ち出さなくなります。

自分の怒りと向き合っていく上で、怒りを鎮める方法を考えることも大切ですが、「自分の怒りはどんなところから発生しているのか」という根本をまず見つめていく必要があります。

特徴

8

相手を理解する姿勢がない

相手を理解するというのは、①対話や観察をする、②相手に関する情報を獲得する、③自分と相手との共通点や相違点を知るといったプロセスがあり、相手への理解が深まっていくときは、これが何度も繰り返されています。

しかし、相手に執着する人は、「私のことをわかってほしい」「私のことを認めてほしい」「私の願望を叶えてほしい」という気持ちが強すぎるあまり、視界が自分中心で相手のことがまったく見えていません。

理解されたいのであれば、理解し合える関係性を築いていくしかないです。

仮にあなたが相手に対して理解の姿勢を示したとして、相手があなたに理解の姿勢を見せなかったら、あなたにとってふさわしい相手ではないということです。

自分のことを理解してくれない相手に執着しないためにも、まずあなたから相手を理解しようと心がけてください。

特徴

9

関係が終わったことを受け入れられない

電話相談でよく「以前の彼に戻ってほしい」「前みたいな関係に戻りたい」と話す女性がいますが、それは基本的に不可能です。

平家物語の冒頭に「祇園精舎の鐘の声、諸行無常の響きあり」とありますが、人の関係や物事は変わり続け、それは元に戻すことはできません。

変わったものは変わったものとして、終わったものは終わったものとして受け入れて生きていくしかないのです。

ただ、変わるからこそ、終わるからこそ、今という一瞬に意味が生まれ、大切にしようと思えるのも真理な気がします。

物事が変化し続けることが普遍的な原則だとするならば、発想を転換して、その変化を積極的に楽しむほかありません。

自分の価値を低く見積り、安心している

これは、クズ男（精神的に自立していない男性）に執着している人に多いのですが、彼女たちがクズ男に執着している理由には共通点があります。

それは「一時の安心を求めている」という点です。

彼女たちはどこかでクズ男のことを下に見ていて、安心しているのです。

人はなかなか変わりたくない生き物です。

だからこそクズ男と一緒にいることで「自分もこのままでいいや」と未熟な自分を正当化しているのですが、これをやめない限り、クズ男からは離れられません。

まずは「自分は彼のために時間を費やしている場合ではない」という危機感や「彼に執着している自分は情けない」という悔しさを持つことです。

それができれば、相手に自分の価値を委ねなくなっていくはずです。

寂しさを恋愛で埋めようとしている

寂しさを恋愛で埋めるのは非常にラクです。

寂しさにつけ込んで依存させたい男性はたくさんいるので、需要はあります。

そして気づけば、彼女たちは「寂しさは男によって埋めるものである」と無意識的に学習していきます。

結果、寂しさの豊穣さを忘れてしまいます。

そもそも、「寂しい」とは悪いことではなく、心の状態を示す1つのバロメーターにすぎません。

だから、埋めることも乗り越えることも必要ないのです。

大切なのは、寂しさと共存していくことです。

あなたが寂しさを豊かに味わうことができたら、それは内面の充実を意味します。

寂しさに負ける人生は執着へ向かい、寂しさを楽しむ人生は成熟に向かいます。

SNSの情報を信じすぎる

人は自分が見たいものを見て、自分が信じたいものを信じる傾向があります。

特にSNSやネットの記事では、役に立つ情報を探そうとしながら、結局は自分にとって都合がよく、安心感を補強してくれる情報ばかりに目がいくものです。

例えば「男が女にベタ惚れする恋愛は長続きする」「男は追わせたほうがいい」などといった記事があります。

一見すると真実味がありますが、問題は「これを信じたい」と思っている点です。

この2つの内容に共通していることは「受け身思考」です。

人は、受け身思考でい続ける以上、いつまでも自分の現実を自分で変えることができません。

自分の現実が変わらないことを他者や運命の責任にしている限り、人は執着から抜け出せません。

特徴 13

裏切られることを悪だと思っている

「裏切られた」と言っている人ほど、相手を自分の都合を満たす存在として見ています。

「裏切られた＝期待が外れた」ということですが、この場合、期待したのは自分です。期待をすること自体が悪いわけではありませんが、それは相手のことを正しく認識できなかったということです。

裏切られたといっても、「相手の新しい一面が見えた」ということにすぎません。自分自身を満たして癒すのは自分であることを肝に銘じる必要があります。

人間はそれぞれが自分の人生を生きていて、何かしらの複雑性を抱えています。そういった人間の複雑性を楽しめるようになることが、人間理解の第一歩だと思います。

特徴14 「信じている」ではなく「信じたい」になっている

「信じている」というのは状態で、「信じたい」は願望です。

つまり、「信じたい」と思っているということは、現在信じられていない可能性があります。

相手のことを心から信じているときは、「信じたい」などとは思いません。

しかしながら、「信じたい」と「信じている」を同じように考えている人がよくいます。

人はなぜか、それが願望なのにもかかわらず、真実だと思い込む性質があります。

例えば、

「少し違和感があるけど、彼氏はきっと誠実に違いない」

「振られたけど、復縁はできるはず」

「会って1日目で手を出されたけど、これは私が彼のことを好きだからそうしたんだ。

私は好きでもない人と身体の関係を持つはずはない」

といったことです。

それらの推測は、冷静な分析から来ているものではなく、自分の願望が反映されたものにすぎません。

したがって、まずは自分が思っていることが願望や妄想なのか、確定している事実なのかを区別していく必要があります。

そのために「そう思う根拠は何か？」と自分に問いかけてみてください。

その問いに対して事実をベースにして答えられればＯＫです。

このように自分の思考を整理することができれば、妄想の世界の中を漂い続けることも判断を誤ることもなく、健全な恋愛をすることができます。

何事もはっきりさせたい

電話相談で多くの女性と話していて気づいたのですが、白黒思考や解決思考が強い人ほど執着を深めている印象があります。

彼女たちが苦手なのは、連絡についての問題や曖昧な関係性です。

連絡が来るか来ないか、脈ありか脈なしか、この関係はどんな関係なのかといったように、すぐに明確な答えや明快な言語化を求めるのですが、当然はっきりできないことが多く、それが結果的に執着につながります。

ただ、白黒思考や解決思考そのものが悪いわけではなく、ときには有効にはたらくこともあります。

白黒思考の人は、物事をはっきりさせようとする傾向を持っているので、優先順位や独自のルールを作って判断を自動化させ、効率的に仕事を進めることができ、決断力があります。

そのため、「仕事はうまくいっているのに、恋愛がうまくいかない」という人が非常に多いのです。

恋愛は、仕事のように共通の目的やあらかじめ決められたルールがあるわけではありませんし、相手は基本的に異性なので、理解できない部分も多いはずです。

その曖昧で不確実な世界に踏み込んでいくのが恋愛であり、これは白黒思考や解決思考と相性が悪いものです。

したがって恋愛は、仕事とは頭の使い方を変える必要があり、つまりそれは大枠でいうと「わからないことを理解する」「何事も対話を重ねて少しずつ理解していく」といったことです。

この「じっくりゆっくり時間をかける」姿勢こそが、恋愛では求められるのです。

相手の気持ちがわかると思い込んでいる

先ほどの白黒思考の話と関連しますが、執着しやすい人は「相手の気持ちがわかる」と思い込んでいるところがあります。

しかし僕たちは、相手の気持ちを想像することはできても、100%理解することはできません。

100%理解できないという前提に立って、100%に近づくようにするために、質問をし、観察し、継続的に関わっていくことが必要です。

人間関係では、そのような地道な関わりを通してじっくりと相手のことを理解しようとすることが大切なのですが、執着をしやすい人は、すぐに手に入る答えを求めるあまり、すぐに理解しようとしてしまいます。

結果、相手が自分の理解の範疇を越える言動をしたときに、「そんな人だとは思わなかった」と混乱し、執着を深めていくのです。

正しい生き方を目指している

正しさとは客観的なものです。

例えばそれは、ルールや法律や常識などです。

もちろん、ルールを守ることや、常識的な行動をすることは、生きていく上で必要なのですが、それらを目的に生きていくことは危険です。

「正しい生き方を目指す」ということは、常に周囲の目を気にし、自分の行動が周囲や社会にとって正しいかどうかを考えながら生きることを意味します。

そうすると、「自分がどうしたいのか」がわからなくなっていきます。

SNSで、友達が結婚して幸せそうにしている投稿を見て、結婚に対する過剰な焦りを感じてしまう人がこれに当てはまります。

彼女たちは結婚が正しい幸せだと思い込んでいるがゆえに、「私も結婚しなければならない」と焦りを感じているのです。

あるいは、そう思ってしまうのは、親や周囲からの圧力もあるのかもしれません。
しかし、考えてほしいのですが、結婚が本当に幸せなものなのでしょうか。
そもそも本当にあなたは結婚を望んでいるのでしょうか。
望んでいるとしたら、それはなぜでしょうか。

何が言いたいかというと、正しい生き方を目指すあまり、自分の幸せの基準が常に外側にあり、自分の内なる願いがかき消されてしまっている可能性があるということです。

このような人ほど、付き合うことや結婚することそのものが目的になっていて、相手をすぐに手に入れようと焦り、執着を深めてしまいます。

付き合うことや結婚することが目的になっている

付き合うことや結婚することは、いわば就職するようなものです。

就職したからといって安定を得られるわけではないし、生涯幸せになれるかもわかりませんよね。

「どこに就職するか」「なぜそこに就職するか」が大切なように、恋愛でも「誰と付き合うか」「なぜその人と付き合うのか」が大切です。

「焦って就職したら、そこはブラック企業だった」ということがあるように、恋愛でも「焦って付き合ったら、相手がモラハラ男だった」ということはよくあります。

付き合うことや結婚はあくまでも人生の一部であり、通過点にすぎません。

あなたは、恋愛をしてもしていなくてもどちらにしても幸せになれます。

恋人がいてもいなくても、結婚していてもしていなくても、それはあなた自身の価値を何も動かしません。

特徴

「好き」をあまり経験したことがない

あまり人を好きになった経験がない人は、「好きになれた」という現象に大きな価値を感じるため、それが執着につながることがあります。

要するに「私が好きになることはめったにないことだから、この『好き』は絶対に手放したくない」といった感じです。

しかし、執着しないために、「好き」に過剰な価値を見出さないほうがいいです。

「繰り返し接触すれば、相手に好意を持ちやすくなる」という心理効果があるように、「好きになる」という現象にはそれくらい科学的な側面があります。

「こんなに好きになれる人は、この人しかいない」といって相手に執着している人ほど、数週間後に新しく好きな人ができているものです。

それくらい、人を好きになることは、人との心理的な交流が十分にあれば、実現しやすいのです。

健全な「好き」を知らない

何が好きで何が執着かは言葉で理解することに限界があるので、自分でいろいろな感情や心の反応を経験して、体感的な理解をしていくことも必要です。

健全な「好き」を知らない人は、ドキドキや不安など、感情の揺らぎの強度で「好き」を測りがちなのですが、健全な「好き」を経験している人は、「穏やかで安心で温かいもの」を「好き」と捉えているようです。

したがって、さまざまな人と関わって、さまざまな関係性を経験しながら、その中で感じた心の動きを自分で見つめ、比較し、検討していくことが重要となります。

「好き」に絶対的な正解はないので、それらは自分で自由に選んでいいのです。「これが私にとっての『好き』だ」と納得できるものを自分で定めてみましょう。

特徴

異性のことを恋愛対象か否かでしか見ていない

執着恋愛に陥りやすい人ほど、異性のことを恋愛対象か否かのみで見ています。

だから、「恋人以外ではプライベートで異性との交流がまったくない」というケースもよくあります。

異性との関わりがその1人に限定されると、「彼を失いたくない」という執着心が発生しやすくなります。

また、恋愛対象に入るか入らないかという見方は、単純にいえば性的に見ることができるか否かという見方なので、やはり相手の内面的な部分が見えづらくなってしまいます。

相手の内面への理解がないまま関係を進めると、関係が深まった頃に、相手の嫌なところがどんどん見えてきて不満が溜まっていきます。

ただそのときに、相手に何が嫌なのかを伝えられるといいのですが、関係が深まった状態なので、嫌われることや別れることを恐れて、なかなか言い出せず、さらに不満が蓄積していきます。

そうなると、慢性的に苦しい状態が続いたり、溜め込んだ不満が爆発して相手に感情をぶつけてしまったりします。

このような事態を避けるためには、異性として見ることができるか否かという二分法的な判断基準だけではなく、

「この人と友達になれるか」
「尊敬ができるか」
「一緒に仕事をしたいと思えるか」

といった判断軸も設けて、相手を見ていくといいと思います。

特徴 22

「女性として見られたい」という承認欲求が強い

「女性として見られたい」という欲求に固執すると、執着につながりやすいです。

なぜなら、多くの男性はあなたのことを女性として見ているからです。

男性があなたと身体の関係を持とうとするのは、好きだからではなく、女性として見ているから、ただそれだけです。

もちろん、その行為にちゃんと「好き」が含まれている場合もありますが、それは性行為に及んだという事実そのものからは判断できません。

男性があなたに対して「かわいい」と言うのも、好きだからではありません。かわいいと思ったから言った、ただそれだけです。

このように、相手がしたことに対して、自分の枠組みで勝手に意味づけをするのではなく、事実のみを受け取る姿勢が重要です。

相手が自分のことを好きなのか知りたいなら、無闇に判断することは逆効果です。

ネット上にあるような「これが脈ありサイン」といった記事も、あまり信用しないほうがいいと思います。

なぜなら、それは人によって異なるからです。

相手があなたのことが好きなのであれば、それは実感や確信として伝わります。

連絡頻度や性行為の有無、「かわいい」「綺麗だね」という言葉などといった形式的でわかりやすい指標は基本的にあてにならないと思ったほうがいいです。

「脈ありサイン」の絶対法則はありません。

ただ、好きでないとなかなかできないことはあります。

それは「相手に関心を持ち続け、尊重し、嫌なことをしない」ということです。

なぜなら、対話と観察を継続していくこと、相手の価値観を理解する姿勢、配慮や自制心が必要で、コストが大きく、好きな気持ちがないと成立しづらいからです。

恋愛の難しいところは、大事な情報ほど目には見えにくいということです。

だから「女性として見られたい」というような表面的なものだけを価値判断の基準にせず、目を凝らして相手を見ていく必要があります。

被害者意識が強い

被害者意識が強い人には「つらくても耐えようとしている私を認めてほしい。慰めてほしい」という心理が根底にあります。

これは、自分を被害者として位置づけることによって、周囲の関心を引き、自分が求めている現実を実現させようとする弱者の戦略ともいえます。

被害者意識が強い人はまず、長期的に見たらこの戦略が通用しないということを理解したほうがいいでしょう。

彼女たちは、被害者になることによって、ある種の成功体験を得てきているのかもしれません。

確かに被害者を演じることで、味方になってくれる人はあらわれるでしょう。

しかし、不満や愚痴が度重なると、周りもだんだんと辟易していき、気づけば孤立している、といったケースも多いと思います。

恋愛においても「自分が正しくて、相手が悪い」という対立構造ができあがって、自分の正しさを補強するために常に相手の言動から怒りの種を探して、強い執着につながっていきます。

このような人に必要なのは「結局、自分はどうするの？」を考えることです。

被害者意識にとらわれている人は「相手が○○してくれない」「相手が悪い」といった思考ばかりで、建設的な方向にまったく進みません。

自分１人で考えることが難しい場合は、カウンセリングに通って、専門家と協力しながら自分を修正していく必要があるでしょう。

いずれにしても被害者意識を改善していくことはかなり難しく、大きな覚悟がいります。

まずは自分の中に無意識に存在する被害者意識を自覚することが大切だと思います。

無根拠な思い込みにとらわれている

人間が抱える不幸や苦しみのほとんどが、無根拠な思い込みや、今までの人生で刷り込まれた偏った価値観から生まれていると僕は考えています。

例えば、次のようなものです。

「パートナーがいない人生は寂しい」

「外見がよくなければ愛されない」

「男性は、本当に好きだったら連絡をくれるし、会いにくる」

「愛されることが幸せ」

このような無根拠な思い込みがあるせいで、冷静に考えたら特に問題がないことに対しても、しつこく考え続け、執着をしてしまうことがあります。

「それは本当なのか？」「それに代替できるものはないか？」といったように、自分が考えていることに対して懐疑の目を向けて思考を起こしていくことが大切です。

特徴

25

相手を許せない

そもそも「許す」とはなんでしょうか。

僕は、判断としての許しと、解放としての許しの2つがあると思っています。

判断としての許しとは、例えば相手が浮気をしたとして、それに対して「なぜこの人は浮気をしたのか」と背景を考え、理由や状況を考慮した上で許すということです。

この場合、相手の心からの反省がないと、許すことは難しいと思います。

もし相手の立場で考え、話し合いをしても許せないなら、許す必要はありません。

その代わり、その相手とは離れましょう。

相手と離れることによって、自分がとらわれている苦しみや憎しみを少しずつ取り除いていくことが大切です。

それが解放としての許しです。

どうしても許せなくても、許せない自分を許してあげてください。

男に幸せを求めている

「かっこよくてスマートで会話も楽しくていつも女性として扱ってくれる刺激的な男性だけど、どこか不安で、気づいたら浮気されていた」とか「穏やかで怒らなくて真面目で安心できるけど、退屈で物足りなかった」という経験はありませんか。

刺激と安心を併せ持つバランスのいい男性って、実際はほとんどいないものです。

素敵な男性と付き合って幸せになった女性がいたとしても、その女性はもともと自分で自分を満たすことができていて、新しい幸せが追加されただけでしょう。

男に幸せを求めている人の行き着く先は、男への執着です。

なぜなら彼女たちは「男がいないと幸せになれない」と思い込んでいるからです。

あなたが男の幸せのために存在しないように、男もあなたの幸せのために存在していません。

執着恋愛をしないためには、この現実を理解する必要があると思います。

NOが言えない

NOが言えない人や断れない人は、嫌われることに対して敏感な傾向があります。

しかし考えてほしいのですが、自分の意思を伝えて嫌われるのであれば、それはあなたの意思を大切にしない人だということなので、嫌われても問題ありません。

さらに、NOが言えない人は、嫌われないとしても雑に扱われるようになります。

なぜNOが言えない人が雑に扱われるかというと、「この人には何を言ってもいい」「この人には何をしてもいい」と思われているからです。

特にクズ男は、断れない女性を見つけては自分の言いなりになるように洗脳していき、意思を表明する機会を奪い、相手の自己肯定感を下げていきます。

そうなると、「私を相手にしてくれるのはこの人しかいない」と、相手から離れられなくなっていきます。

ここまで読んで、心当たりがあるなと思った人、恐ろしいなと思った人は、すぐに断るスキルを身につけましょう。

まず自分が何を嫌だと感じるか、何をされたら嫌かを明確にすることです。

例えば、

「付き合っていない段階で身体の関係を持つのは嫌」

「対話ができない浅い関係は嫌」

「干渉されることや束縛されることは嫌」

といった感じです。

そのように自己理解をしたら、練習をします。

例えば、マッチングアプリで出会いを増やしていくと、すぐにホテルに誘ってくる人やいきなり手をつないでくる人があらわれると思います。

そのときにしっかりと断りましょう。

すぐに対応できる自信がない人は、事前にパターンを想定して、断るための言葉を用意しておきましょう。

例えば、

「お誘いありがとう。でも○○さんとは友達（仕事仲間）として関わっていきたいので、ごめんなさい」「まだ○○さんのことをよく知らないから、心の準備ができたら私から伝えるね」みたいな感じで対応するといいと思います。

嘘をついたり、過度に期待させるような断り方をしないことがポイントです。

すると、徐々に「私はちゃんと断って、自分を守ることができる」というように自信を持つことができます。

また、適切に断ることができると、男性から大切にされることにも気づくでしょう。

なぜなら「断る」という行為には「私は大切に扱ってくれない人とは一緒にいられない」というメッセージが含まれているからです。

同時に、しっかりと断るあなたを見て、男性は「この人は自分を大切にしている人だから、雑に扱えないな」と関わり方を学びます。

そのように男性から大切に接してもらえる経験を積んでいけば、自己肯定感も高まり、1人の人に執着することもなくなっていくはずです。

特徴
28

相手の欠点を見ず、美点しか見ない

相手のいい面（美点）しか見ない人は、相手の悪い面（欠点）から目を背けています。

彼女らは、雑に扱われていることも、自分が深く傷ついていることも知っていながら、「でも、彼には優しいところもあるから」といって問題を先送りにし続けます。

相手のいい部分を見て興味を持つのは、自然なことでしょう。

しかし、いい面だけを見て付き合うとなると、執着への道に進みやすいです。

なぜなら、そういう人ほど、後から欠点を見つけては相手を責め立ててしまうからです。

いい面だけを見て、勝手に自分で理想を作り上げ、勝手に落ち込み、勝手に怒る。

これでは相手の心が離れていくのも無理はありません。

ところで、受け入れていい欠点と受け入れてはいけない欠点の違いは、どこにあるのでしょうか。

端的にいえば、それを愛おしいと思えるかどうかですが、相手個人の問題か関係性における問題か、という見方もできます。

どういうことかというと、例えば「服装がダサい」とか「忘れっぽい」とか「気遣いができない」といったことは個人の問題です。

一方で「何を言っても否定する」「嘘をつく」「話し合いに応じない」といったことは関係性における問題です。

後者については、自分の尊厳が損なわれる可能性を含んでいます。

前者の場合は、自分が気にしなければ何も影響はありません。

「欠点を見る」というのは、粗探しをすることではなく、相手を多面的に知っていくということです。

そうやって理解していく過程の中で、受容できるものなのか、受容すべきでないものなのか、仕分けをしていってください。

特徴

「一緒にいて楽しい」を基準に男性を選んでいる

電話相談で、男性に執着している人に「なぜその男性と付き合ったのですか？」と質問をすると、「一緒にいて楽しいから」と答える人がよくいます。

しかし「一緒にいて楽しい」＝「相性がいい」という考え方を疑う必要があります。

なぜなら、ある程度の恋愛経験があり、コミュニケーションスキルが高ければ、相手を楽しませることなんて余裕だからです。

また、「一緒にいて楽しい」を優先的な判断基準にしている人ほど、「与えられる楽しさ」に依存している傾向もあります。

要するに「私を楽しませてくれる人が好き」というお客様意識です。

「一緒にいて楽しい」は確かに付き合う上で必要な要素ではありますが、それよりも安心できるか、尊敬できるか、異なる価値観を受容する姿勢があるか、言動が一致しているかなどの要素のほうが、恋愛で失敗しないためには重要です。

第3章

要注意！ あなたの執着を加速させる男性のポイント

第1章と第2章では、あなたが自分の状態を理解し、改善していくための内容を述べてきました。ただ、仮に改善できたとしても、男選びを間違えてしまったら元も子もありません。

第3章では、あなたを執着恋愛に導く男性の特徴や、相手を見る目を養うためのポイントをお伝えします。

計画性に乏しく思慮に欠け、責任感のない男には気をつけましょう。

面倒を見てもらおうとする

お金を借りようとしたり、家事の手伝いを強要したりする男性との関係では、サンクコスト効果（今までかけたコストを回収しようとするが、回収不能が続き、手放せなくなること）がはたらきやすく、執着につながりやすいです。

電話相談でも、お金を貸して返済されるまで別れづらくなっている話をよく聞きますし、貸した場合、結局お金が戻ってこないこともよくあります。

その場合は、「〇日までに返してもらえなければ別れる」と伝えることが有効ですが、それでも返してもらえないなら、返済を諦めるか、弁護士に相談しましょう。

相手のために何かと手をかけすぎるのは自分のためにもよくないですし、相手の生きていく力も奪っています。

「お互いに自分のことは自分でやる」という距離感を意識し、自立した関係を目指しましょう。

要注意

2

約束に対する責任意識が低い

相手がなかなか約束を守れないと、関係悪化や執着につながりやすくなります。

この場合は「約束を守ろうとしないこと」よりも「守れない約束をしていること」に問題がある場合が多く、責任意識の低さがあらわれています。

しかしこれは、女性が未来の約束を過剰に要求していることも背景にあります。

確かに見通しが見えないと不安になると思いますが、そういう人は、休みが不定期の人や、計画性がなく衝動性が強い人とは付き合わないほうがいいです。

誰しも約束を守れないときはあると思うのですが、そのときに守れなかった理由の説明や謝罪をし、代案を出すことができる人は信頼できるでしょう。

つまり、「約束を守るか」という一点だけではなく、どのような方法で約束をし、どのような過程で約束を守ろうとしているのか、約束を守れなかったときにどんな態度でどんな対応をするのかということも見ていくことが大切です。

気分のみで発言する

相手の言っていることが毎回変わるのであれば、その人は、そのときの気分だけで発言している可能性が高いです。

もちろん、多かれ少なかれ、人間は気分に左右されるものではありますが、お互いにとって大事な話に関しても、そのときの気分で言っていたならば、言葉への責任感が弱いでしょう。

特に、「好き」「結婚しよう」「別れる」「ずっと一緒にいようね」「距離を置こう」などといった、お互いの関係性を規定するような言葉を、そのときの感情の勢いで伝えるような男性と関わると、女性も何を信じればいいかがわからなくなるので、振り回され、執着につながりやすくなります。

要注意 4

冷たくなったり優しくなったりする

冷たさと優しさの振れ幅が大きい人も、気分で行動しています。

おそらく彼らは、上機嫌なときは優しいと思うのですが、嫌なことが起きたときや、仕事が忙しくなったときなどは、途端に冷たさが増していきます。

そういうときに、自分で自分の機嫌の取り方を知っている人なら問題はありませんが、不機嫌でいながらも関わりを求めてくる人には注意が必要です。

このときに「相手が不機嫌なのは私のせいだ」と思い込む女性がいますが、相手の不機嫌はすべて相手の責任です。

だから、気を遣って優しい言葉をかける必要はありません。

こちらが察して行動するのではなく、「何もしない」というスタンスに徹しましょう。

発言と行動が異なる

- 「会いたい」とは言うけれど、会いにこない
- 「またごはんに行こうね。俺から誘うね」と言っていたのに、誘ってこない
- 「仕事をやめて転職する」と言っていたのに、仕事をやめない
- 「一緒に住もう」と言っていたのに、何も準備しようとしない
- 「幸せにする」と言っていたのに、具体的な行動は見られない（そもそも「幸せにする」と言う男はやめたほうがいいです。幸せはしてもらうものではないからです）
- 「結婚するために貯金する」と言っていたのに、ギャンブルや散財などの無駄な浪費をやめない
- 「会う時間がない」と言っておきながら、趣味の時間はたっぷりある
- 「君のことが好き」「とても魅力的」とたくさん言うけれど、付き合わない

もちろん人間は完璧ではないので、有言実行できないこともあると思いますが、こ

のような言動を繰り返す場合は、やはり気分や衝動で発言し、そこに計画性や決意がまったくないという問題があると考えられます。

もしかすると、その奥には、言葉によって女性を依存させようとする心理があるのかもしれません。

僕たちのコミュニケーションは基本的に言葉を頼りにしているので、このように言葉の影響力に無自覚で責任感がない人と関わると、混乱を招き、精神的に疲弊していきます。

また、このような人は「これからやる予定」「今はどうしても忙しくて無理」「気持ちはしっかりある」といったような言い訳も多く、実行はしないのに期待はさせてくるという特徴があります。

これでは女性側が執着するのも無理はありません。

発言と行動の不一致を見極め、一刻も早く離れましょう。

自分のことを棚に上げて責める

自分のことを棚に上げて責めるのは自信がないからです。自信がないから相手の言動を指摘し、責めることによって自らの正しさを証明しようとします。

そのため、彼らに注意や指摘は通用しません。むしろ、逆ギレしたり、不機嫌になったりするので、改善を試みるだけ時間の無駄だといえます。

このような男性は、意外にも周囲からの評価が高く、一見するとまともな人に見えることもあるので見極めが難しく、付き合ってから豹変するケースもよくあります。

したがって、やはり小さな違和感を見逃さないことが重要です。

例えば、なんとなく人を見下している気がするとか、思考が極端で柔軟性に欠けるとか、深い話を避けたがる、といったことです。

また、最初だけはすごく優しい面を見せたりするので、その変化を受け入れられない女性は、執着をしてしまいがちなので気をつけましょう。

要注意

7

急速に距離を縮めてくる

出会った当初から男性が急速に距離を縮めてきて、すぐに付き合うことになったという事例はよくあります。

実際に女性側から話を聞いてみると、相手はその女性のことが大して好きなのではなく、「見た目がタイプだから」といった単純な理由から勝手に幻想を作り上げ、その幻想を追いかけていただけ、ということがほとんどなようです。

この場合、付き合ってから彼らが冷たくなるのは、飽きたというよりは「好きではないことに気づいた」からです。

強引で熱烈なアプローチを受けて「そんなに私のことが好きなんだ」と舞い上がり、相手の好意を受け入れてしまいがちなのですが、これがそもそもの間違いです。

相手の距離感に合わせるのではなく、いつでも自分が冷静でいられる距離感を保ち、自分のペースを守るようにしてください。

女性として見ていても人としては見ていない

「かわいい」「綺麗だね」「スタイルいいね」など表面的な発言ばかりで、内面的な部分にまったく言及がない男性には警戒しましょう。

彼らは付き合う前や付き合った直後は優しいのですが、だんだんと冷たくなっていきます。

なぜなら、彼らが好きなのは外見のみだからです。

当然、外見への好意だけでは関係性は持続しません。

もしも、長続きする関係を望むのであれば、自分の内面的な部分にどれだけ興味を持っているのか、どれだけ自分を多面的に理解し、好きになってくれているのかを見ていくことが大切です。

自己開示をしてこない

自分自身のことをまったく話さない人は、何か隠していることや後ろめたいことがある可能性が高く、信用するのは困難でしょう。

また、単純にコミュニケーションが不足している場合をのぞいて、相手が何を考えているのかわからなくてモヤモヤするというときは、相手が自己開示をあまりしてないことが原因として考えられます。

ただ、自分から話すのが苦手な人もいるので、そういう場合はこちらから話題を振る、あるいは質問することが必要です。

それでもあまり話してくれなかったり、かわされたりするのであれば、それは相手があなたと向き合う気がないという意思のあらわれなので、離れたほうがいいと思います。

まったく話を聞かない

まったく自己開示をしない人も問題ですが、相手の話をまったく聞かない人も問題があります。

特に話を勝手に遮るタイプの人は、あなたと向き合う気がなく、自分のことしか考えていないので、離れたほうがいいでしょう。

「話は遮らないけど、自ら話を聞こうとしてこない」という人もいますが、その理由は、

1　あなたに対して興味がない
2　相手の話を引き出すコミュニケーションスキルがない
3　話を聞いていいのかどうか不安な状態である

という3つが考えられます。

1の場合は、関わる相手があなたである必要性が消失している状態であり、「自分

と話をしてくれる人なら誰でもいい」と思っている可能性があります。

2の場合は、「そういう人なんだ」と受容し、あなた自身が会話をリードしていく努力が必要となります。

あるいは、相手に改善する姿勢や、学ぼうとする意思があれば、会話術の本を読んだり、コミュニティや研修に参加したりするなどして、一緒に練習していくことも1つの方法です。

ただ、そこまでしてその男性に時間と労力をかけるだけの意味があるのかは検討したほうがいいでしょう。

3の場合は、信頼関係が築けていないので、「私は些細なことでも質問してくれると嬉しい」と伝えて、安心して聞ける空気を作る工夫が必要です。

僕はコミュニケーションにおいては「聞く」ということが最も重要だと考えているのですが、それは、余裕や思いやりや知性などがすべてあらわれるからです。

自分にとってふさわしい相手かどうかを見極めるために、聞き方を中心的に判断していくことは有効だと思います。

感情の起伏が激しい

悲しみ、怒り、不安、焦りなど、喜びや楽しさ以外の感情が頻繁に発生する人と関わる場合は注意が必要です。

特に、共感性が高く、感受性が豊かな女性は、相手の感情に影響されやすく、相手の問題に介入しやすいので、関わっていくにつれて精神的な負担が増えていきます。

そのような人は、刺激や楽しさを基準にパートナーを選ぶのではなく、自分の心の平穏を基準にパートナーを選びましょう。

相手の心を癒すのはあなたの役割ではありません。

もしも相手の心を癒してあげたいと願うのであれば、大きな覚悟と決意、強靭な精神が必要です。

代替できる優しさばかりを使用する

女性は男性に優しさを求めますが、その優しさの中身を見る必要があります。

例えば、車道側を歩く、「寒くない？」「大丈夫？」と聞く、グラスの空きに気づく、などは相手を選ばずに汎用的に使える「低コストの優しさ」といえます。

重要なのは、「代替できない優しさがあるか」という視点です。

例えば、相手を理解する、内面に関心を持つ、相手がつらいときや困っているときに寄り添う、相手固有のよさを見つけて伝える、相手に届く伝え方をする、相手が嫌がることや悲しむことをしない、嘘をつかずに正直に向き合う、相手がしてくれたことやしないでいてくれることに目を向けて感謝する、といったことです。

これらは相手をちゃんと見つめていなければできない行為であり、優しさです。

女性を執着に導く男性は、代替できる優しさはたくさん発揮するのですが、代替できない優しさはあまり見られないものです。

マメにLINEの返信が来る

マメに連絡をする男性を求める女性は多いですが、やたらと返信が早い男性は単に寂しがり屋だという可能性もあります。

大切なのは、返信の早さや頻度ではなく、「LINEの内容にどれだけ誠意や配慮があるか」です。

いくら返信が早くても、1つひとつのメッセージが雑なのであれば、それは誠実な対応とはいえませんし、レスポンスが早いコミュニケーションを取ってばかりいると、スマホ依存になり、自分の趣味の時間が奪われてしまいます。

そのため、必要最低限の連絡だけにして、自分の時間に集中するほうが相手に執着しづらくなるでしょう。

ところで、女性は連絡不精な男性をあまり好まないと思いますが、連絡不精でも誠実な男性はいます（もちろん、1週間以上連絡が返ってこないとか、大事な連絡なのに返信が

まったくないとか、デートの約束を取り決めることができないといったことは別です）

なぜなら、連絡不精の人は、その分、自分の時間を大切にしているので、それが侵害されるストレスを知っており、相手の時間の使い方も尊重しようとするからです。

また、連絡不精の人は浮気といった複雑性の高いやりとりを面倒くさいと思っている傾向にあるので、浮気をしづらいと考えられます。

一方で、連絡がマメな人は当然複数人と連絡を取り合うことも厭わず、マルチタスク能力に長けるので、浮気も上手にこなせます。

もちろん、これが絶対的な判断基準であるとはいえませんが、このような視点を持っておいて損はないでしょう。

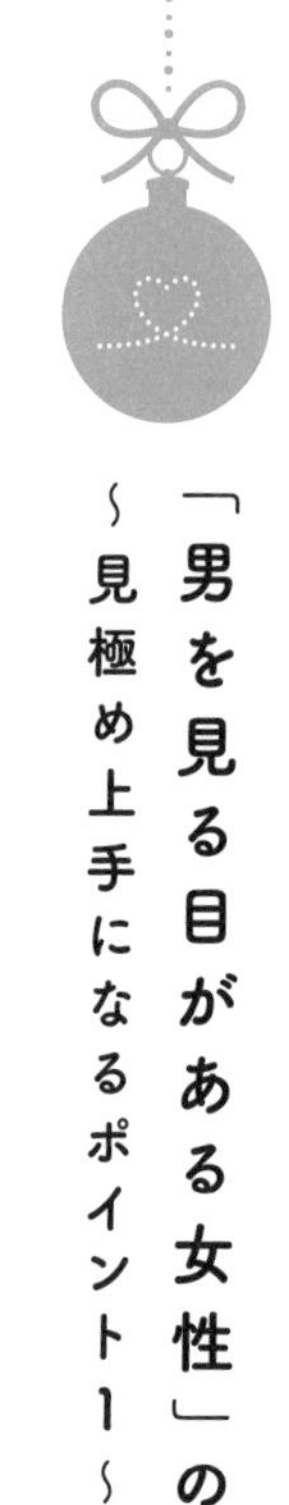

「男を見る目がある女性」の条件
～見極め上手になるポイント1～

1……余裕があること

余裕がなければ自分のことを考えるので精一杯になり、相手を観察するためのリソースを割くことができなくなります。

ではそもそも余裕とはなんでしょうか。

端的にいえば、自己理解が深く、精神的な充実度が高い状態のことだと思います。

自己理解が深い人は、自分がしたいこととしたくないこと、されたいこととされたくないことを理解しているため、自分の意志や判断を元にして相手とコミュニケーションをとることができます。

また、精神的な充実度が高ければ、「私を楽しませてほしい」「愛されたい」「理解されたい」「認められたい」と過剰に求めなくなり、自分の個人的な感情を介入させずにコミュニケーションをするので、余裕のある振る舞いができるようになります。

2……質問ができること

見る目があるというのは「相手の情報をたくさん引き出せる」ということです。

逆に見る目がないというのは、相手に関する情報が少なく、判断材料が足りていないということになります。

また、自分を実際の姿よりもよく見せようとする人も多いので、質問ができないと「相手が見せたい部分」しか知ることができなくなります。

次の例を参考にしながら、自分の質問スキルを磨きましょう。

「◯◯さんが大事にしていることはなんですか？」
「今夢中になっていることはなんですか？」
「一週間休みがあったら、どのように過ごしたいですか？」
「なぜその仕事を選んだのですか？」

これらは、相手の価値観や趣味、何を優先しているかがわかる質問です。

自分にとって重要度が高い価値観と一致しているか、違いを楽しめる価値観かどうかを検討しましょう。


「人と話し合うときに気をつけていることはなんですか？」

「どんなコミュニケーションを理想としていますか？」

「相手と意見が対立したときはどうしますか？」

「恋人と会っているときにどれくらい会話をしたいですか？」

これらは、コミュニケーションについての考え方や価値観がわかる質問です。

その場しのぎで言う人もいるので、実行しているかも見ていく必要があります。

人は思ったより自分のことをわかっていません。


「今までの人生で一番難しかった決断はなんでしたか？」

これは、相手がどんなことで迷うのかがわかる質問です。

その決断に至った理由を深掘りすると、さらに相手への理解が深まると思います。

「なんで私と会おうと思ってくれたのですか？」

「なんで私と付き合いたいのですか？」

「私のどこが好きですか？」

「こんなことを自分で聞くのはおかしい」「こんなことを聞くのは恥ずかしい」と思う人もいるかもしれませんが、これらの質問は必須です。

なぜなら、この質問によって自分に対する本気度がわかるからです。

あなたと真剣に向き合おうとする男性なら、なんとか言語化しようとするでしょう。

これは、正確に言語化できるかどうかよりも、思いを伝えようとする意思や熱意が伝わるかどうかが重要です。

一方で、遊び目的や本気度が低い人は、うまくかわすか、誰にでも当てはまるようなことを言うでしょう。

「○○さんにとって『付き合う』とはどういうことですか？」

これは、付き合うことについてどう考えているのかがわかる質問です。軽く考えているのか、重く考えているのか、結婚は前提なのかなど、付き合う意味やスタンスを知ることができます。


「結婚についてどう考えていますか？」

「結婚する上で相手に求める条件はなんですか？」

「結婚後、どんな関係性を築きたいですか？」

「子供にどんな教育をさせたいですか？」

結婚に対する意思の有無だけではなく、結婚観を聞いていく必要があります。

結婚をゴールだと考えている人や、結婚を軽く考えている人は、しっかりとした回答が得られないでしょう。

また、子育ての方針や、住むのは一軒家か賃貸かなど、一緒に生活を共にしていくにあたっての現実的な確認もしたほうがいいと思います。

「自分のことをどんな人だと認識していますか？」

「自分の欠点や弱さはどこだと思いますか？」

「自分を動物に例えるならなんですか？」

これらは、自分のことを客観視している人なのかがわかる質問です。


自己評価と実際の姿に大きな乖離がある人には注意が必要です。

根拠のない過剰な自信がある人は、モラハラ気質の傾向が強いでしょう。


「今までで一番腹が立ったことや許せなかったことってなんですか？」

「どんなことをされたら嫌ですか？」

これらは、答える内容よりも、自分がされて嫌なことを自分でしっかり把握しているかどうかが大事です。


自分で何が嫌かを把握している人は、事前にそれを避けることができ、対処法を知っていることが多いので、安定した関係性を築きやすいでしょう。

「旅行に行くとき、しっかり計画を立てますか？　それともそのときの流れで動きますか？」

これは、計画的なタイプか、その時々で考えるタイプかがわかる質問です。

旅行に対する感覚が大きく異なると、衝突が増え、どちらかが我慢する可能性があるので、事前に知っておいたほうがいいでしょう。

3……人間的に成熟していて、できることが多い

人は「自分が当たり前のようにできることは、気づきやすい」という性質を持っています。

例えば、丁寧で適切な言葉遣いができる人は、相手の言葉遣いが乱れていたらよく気づくものですし、論理的に話を展開できる人は、相手の話の論理的なねじれが気になるでしょう。

それから、よく「彼氏は話し合いができない」と言っている女性がいますが、それ

はその女性も話し合いができないということを示しています。

なぜなら、もしもその女性がしっかりと話し合いができる女性なのであれば、話し合いができない男性であることを、付き合う前の段階で見極めるはずだからです。

このように、人はできることが少ないと相手を見極めることが困難になり、できることが増えて人間的に成熟していくほどに自然と見る目が養われていきます。

4……幻想を取り除くことができ、相手を見る視点が多い

見る目がない人は「そもそも見ようとする意志がない」という問題があります。

これはつまり、現実を直視できず、自分が見たいものや信じたいものを見ているだけの状態です。

したがって、まずはこの幻想を取り除いた上で相手を見ていく必要があります。

要するに、男性に対する過度な期待を捨て、正しく理解していくということです。

そのためには、女性作家が描くイケメンで紳士的な王子様キャラが登場する少女漫画的なコンテンツから離れ、男性作家が描く男性の汚さや欲望が表現されているコン

テンツに触れることをおすすめします。

あるいは、マッチングアプリを活用し、多くの男性と関わり、自分の抱いている偏った幻想を破壊していくことも有効でしょう。

その上で、相手を見る視点を用意しておくことが重要です。

例えば次のような視点です。

- 距離感は適切か
- 言葉遣いや言葉の選び方は丁寧で品があるか
- 相手の話を遮らずに最後まで聞くか、質問をしてくれるか
- 否定、嘘、見下しはないか
- 都合の悪いことから逃げないか、自分の人生と真剣に向き合っているか
- 自分以外の人に対しても敬意を持って接しているか
- 異なる考えや価値観を受け入れ、取り入れる姿勢はあるか
- 言動が一致しているか
- 自己開示をしているか

- 礼儀やマナーやデリカシーはあるか
- 感情のコントロールはできるか
- 感謝の言葉や姿勢はあるか
- 自分の欠点や弱みを把握しているか
- 実現性が低い約束はしていないか
- 自分の行動や言葉の影響力を自覚していて、責任感はあるか

このような視点を持って男性と関わることによって、相手を見る解像度が上がり、自分を不幸にする男性から確実に離れることができます。

また、この基準を元に、自分を省みることも大切です。

先ほど述べたように、自分自身ができていることは気づきやすいものです。

成長すればするほど、見る視点は増え、相手選びも間違えなくなるでしょう。

心理描写が多い作品に触れる
～見極め上手になるポイント2～

人を見る目がある人ほど、映画やドラマや小説など、心理描写が細かく、人間の複雑性や真理に迫る作品にたくさん触れている傾向があります。

彼らは、作品に出てくる登場人物を観察し、「この人はなんでこの発言をしたのだろう」「この人にはどんな行動原理や特性があるのだろう」と想像力をはたらかせ、自分なりに考察し、人間理解を深めています。

さらに、ネットのレビューを読む、あるいは友人から感想を聞くことによって、観る視点や分析の方法を学ぶこともできます。

それから、恋愛リアリティー番組を観ることもおすすめです。

出演者に対して抱いた第一印象や直感が、どれだけ妥当だったのかを検証することは、初対面での相手の人間性を想像する力を養うことにつながります。

相手との関係構築が上手な出演者から、関わり方を学ぶこともできるでしょう。

違和感を見過ごす理由を知る
～見極め上手になるポイント3～

「違和感はだいたい当たる」「違和感を見過ごしてはいけない」というのは多くの人が気づいていることだと思います。

しかし、見る目がない女性は、違和感に気づいていながらも、その違和感に蓋をして気づいていないフリをしています。

そして、後から「やっぱりあの違和感は正しかったんだ」と振り返り、反省します。

では、どうして人は違和感を見過ごしてしまうのでしょうか。

これには次のような理由が考えられます。

- 恋愛をすることが目的になっている
- 恋愛が自分の価値判断の中心になっている
- 恋愛に人生の救いを求めている
- 恋愛をすることによって自分の人生と向き合うことから逃げている

要するに恋愛の優先度が高くなっているということです。

恋愛の優先度が高い状態だと、「違和感は信じたほうがいい」と頭ではわかっていても見過ごしてしまいます。

それは違和感を見過ごせない状態だからです。

やはり、恋愛の優先度を下げるために、自分が納得できるライフスタイルにしていくことや、恋愛以外で夢中になれるものや自分を好きになれるものを見つけていくことが大切です。

第4章

執着を手放す女は、相手との関係を上手に育てていける

最後の章である第4章では、「執着を手放す方法」に加え、恋愛をする上でも、生きていく上でも、僕が特に大事だと思っていることを述べていきます。

この章には、人生の手綱を自分で握り、しなやかで身軽な生き方を目指すためのヒントが詰まっています。

あなた自身が深く考え、問い続け、理解していくことができれば、きっと納得のいく恋愛ができるでしょう。

自分の思い込みを自覚して取り除く

執着は、自分自身が抱えている思い込みによって生まれることがよくあります。

無意識にとらわれていた思い込みを取り除くことは、執着から解放されることにつながります。

これから思い込みの代表例をいくつか挙げ、それについての反論や意見を述べていきたいと思います。

「恋愛感情は大切にしなければならない」という思い込み

前章でも述べましたが、恋愛感情は幻想を見せるための装置でしかないので、恋愛感情よりも、自分の精神状態や自己肯定感を大切にしましょう。

恋愛感情は、ちゃんと条件さえ揃えば発生します。

「自分にはこの人しかいない」という思い込み

「自分にはこの人しかいない」のではなく「自分にはその人しか見えてない」というだけです。

つまり視野が固定化され、狭くなっています。

これはほかの人間関係が希薄になっていることから生まれる状態であり、その相手との関わりが生活の中心になってしまえば、「自分にはこの人しか見えない」となるのはごく当然です。

所属するコミュニティを複数持ち、特定の人とのみ関わることをやめれば、改善されていくでしょう。

「自分の意見を伝えたら嫌われてしまう」という思い込み

あなたは「自分の意見をまったく伝えない人」と「自分の意見を伝える人」、どちらの人と関わりたいですか。

あるいはどちらの人のほうが安心しますか。

おそらく、「自分の意見を伝える人」ではないでしょうか。

つまり、そもそも「嫌われない」という目的において、「意見を伝えない」という方法はあまり効果的でないということです。

仮に自分の意見を伝えて嫌われたなら、それは嫌われてもかまわない相手です。

なぜなら、そういう人は黙って従う奴隷のような存在を求めているからです。

それから、「意見を伝えて嫌われる」というのは、意見を伝えたから嫌われているのではなく、伝え方が不適切だったから嫌われたのです。

「意見を伝える」という行為そのものに嫌われる要素はありません。

相手と信頼関係を築いていくために、自分の意見を適切な伝え方で伝えることが大切なのです。

「本当に好きなら『好き』と言ってくれるはず」という思い込み

人の愛情表現は多様で、愛情表現が得意な人もいれば、愛情表現が苦手な人もいます。

したがって、「好き」と言ってくれるかという判断基準だけで愛情を認識するのはもったいないし、正確性に欠けるといえます。

また、本当に好きだとしても「好き」だと言えない、言わない男性もよくいます。それは恥じらいであることもあるし、本人のこだわりということもあります。

一方で、好きではなくても「好き」と言える男性が多いのも確かです。それはキープする目的がある、またはそのときの性欲や感情の昂(たかぶ)りの勢いで言っているものです。

要するに「好き」という言葉を愛情認識の尺度にするのは、極めて無意味だということです。

「話し合えば必ずわかり合える」という思い込み

恋愛においては「話し合いができる相手を選ぶといい」「困ったときは話し合いをすることが重要」と強調されることが多く、話し合いが解決のための絶対的な手段のように思えますが、いくら話し合ったとしてもわかり合えないこともあると理解することは、必要だと思います。

それくらい、自分と他者、男と女の間には相容れない深い溝が存在しています。

したがって、話し合いでは「お互いがわかり合えないことをわかる」を基盤に置きながら、お互いの意見が等価であることを理解することが重要です。

わかり合えないからといって相手はおかしいわけではなく、否定する存在にはなりえないのです。

「男は追わせたほうがいい」という思い込み

SNSやネットの記事などに「態度をそっけなくしたり、あえて嫉妬をさせたりして、男は追わせたほうがいい」という主張がよくありますが、これが本当に正しいかどうかは甚だ疑問です。

この疑問を紐解いていく上では、あらゆる発信者が、なぜ「追わせたほうがいい」と主張するのか、そのメリットは何かを考えることが重要だと思います。

それはおそらく「バズりやすい」ということにあると思います。

なぜバズりやすいかというと、「追わせる」という方法は、極端にいうと「受け身でいる」ということであり、ラクに自分の願いを叶えられそうな予感を与えるからです。

特に恋愛で悩んでいる人は余裕がなくなっていて、なるべく労力をかけずに簡単な方法でうまくいかせようとしているので、こういった発信者側にとって都合のいい情報に流されやすくなります。

そういうことから、「男は追わせたほうがいい」という主張が、いかに脆弱なものかわかると思います。

また、実際問題として、「追わせる」ということの有効性は低いといえます。

確かに一定期間こちらを追いかけてくれるかもしれませんが、それでいざ付き合えたとしても信頼関係はまったく築けないでしょう。

なぜなら、「追わせる」ということは、自分の本音を隠し、相手を騙す行為だからです。

しっかりとした判断能力がある男性であれば、不信感や違和感を抱くと思います。

つまり、まともな男と付き合いたいのであれば、「追わせる」といった不誠実な手段をとるよりも、誠実に向き合って、信頼関係を築いていくほうが確実です。

ラクで魅力的な方法論というのは真実を覆い隠し、あなたを間違った道へ導くこともあるのです。

「大切にしてくれない男とは別れたほうがいい」という思い込み

「自分を大切にしてくれない男とは別れたほうがいい」は、一見すると正しい主張ですが、不完全な部分も垣間見えます。

あなたを否定する人や傷つける人とは離れたほうがいいと思いますが、考えなければならないのは、そもそも「あなた自身は大切にされるように振る舞っているのか」という視点です。

なぜなら、「大切にしてくれないから別れる」というパターンを何度も繰り返している人がいるからです。

つまり、このような人は、別れるだけで、根本的な解決に至っていません。製品を買ったら取扱説明書があるように、大切に扱われるためには、自分がどんなふうに扱われたいかを説明する必要があります。

要するに「自分にとって嬉しいことや嫌なことを相手に事前に伝える」ということです。

同様に、「あなたは相手のことを大切にしているか」という視点も重要です。

「相手が大切にしてくれないなら自分も大切にしない」というのは、付き合う前の段階ならいいと思いますが、付き合っている段階であれば不誠実だといえます。

なぜなら、付き合うというのは「お互いが大切な存在であることを認める」ということだからです。

「相手から大切にされないなら自分も大切にしない」というのは、「相手を大切にしたい」という自発的な気持ちがないということです。

それは相手に対する愛情がない状態であり、相手のことを「何かを与えてくれる道具」としてしか認識していません。

一方で、自分が相手を大切にしていたとして、それに対して相手がまったく応えてくれなかったら、それは別れるべきでしょう。

いずれにしても「自分自身はどうなのか?」という視点を忘れないでください。

「付き合う前に好きバレをしてはいけない」という思い込み

これも「男は追わせたほうがいい」と同じくらいよくある主張です。

この主張の意味はおそらく「付き合う前に好きだとバレると、相手が調子に乗り、冷めるからやめたほうがいい」といったことなのだと思いますが、もしそうならば、その情報は早めに知ったほうがいいです。

結局のところ、それは結論の先送りでしかなく、現実を見る勇気がないことを正当化する考え方でしかありません。

好きな気持ちをずっと隠し続けて、いざ告白して振られるよりは、早めに好意が相手に伝わって相手の反応から答えがわかるほうが合理的です。

また、現代の恋愛では、「相手の好意を確認できないと踏み込めない」という受け身の男性も非常に多いので、好意はなるべく素直に表現したほうがいいでしょう。

気をつけるべきは、「好きバレをしてはいけない」ということではなく、「自分の好意や気持ちを相手が受け取りやすい表現で伝えること」と「ダメだったときにすぐに身を引くこと」だと思います。

「執着は絶対にしてはいけない」という思い込み

確かに執着は手放したほうがいいものではありますが、いっそのこと飽きるまで執着してみるのも1つの方法ではあります。

「執着は絶対にしてはいけない」というのも1つの執着になってしまいます。

実際のところ、何が正しいことなのかは本人しかわかりません。

そして人生は1回きりであり、巻き戻すことができないので、その選択が正しかったのかどうかも確かめられません。

執着は絶対にダメだと決めつけずに、納得いくまで執着しきってみてもいいかもしれません。

常に主体的でいる

よく「恋愛で幸せになるためには精神的自立が大切」といわれますが、精神的自立とは一体なんでしょうか。

僕は精神的自立の中核にあるのが「主体的であること」だと思っています。

今まで、受け身な女性は執着をしやすいと述べましたが、主体的とはそれの反対で、自らの意志によって選択をするということです。

では、受動的と主体的にはどんな違いがあるのか、次に例示していきます。

受動的↓主体的

- 愛されたい（受動的）↓相手を愛する、愛されるとは何かを考えてみる、愛されるような人になる（主体的）
- 大切にされたい（受動的）↓相手を大切にする、大切にされないことを許さない

自分になる、自分がされて嬉しいことや、されて嫌なことを伝える（主体的）

- 楽しませてもらいたい（受動的）↓自分で楽しむ、コミュニケーションスキルを高める、相手の面白さを引き出す（主体的）
- 誘われたい（受動的）↓自分から誘う、生活を充実させて自分の時間の価値を高めて「いつでも会える人」をやめる（主体的）
- 理解されたい（受動的）↓自分から理解する、相手が理解できるように言葉を尽くして説明する、100％理解し合えないことを知る（主体的）
- 関心を持たれたい（受動的）↓相手に関心を持つ、関心を持ってもらえる人になる（主体的）
- 決めてほしい（受動的）↓自分で決める、自分でしたいことを考える、選択肢を用意する（主体的）
- 連絡してほしい（受動的）↓相手が連絡をしたくなるような人になる、相手にとって連絡することが楽しいと思える話題を提供する、連絡が愛情の本質でないことを学ぶ（主体的）

「受動的である」とは、行動をしないということ、つまり、相手の行動を待ち続けるということです。

そうなると、頼るところは運しかありません。

しかし、運任せにしても、相手が望んだ行動をしてくれる保証はありません。

私たちの選択は2つです。

傷つくことや失敗を覚悟して行動するか、傷つくことや失敗を回避して何もしないか。

前者の場合は、確実に知識や経験が増え、成長や進歩が約束されています。

一方で、後者の場合は何も得られません。

主体的に生きる人生にするか受動的に生きる人生にするか、選ぶのはあなたです。

そもそも都合のいい女とは何か

主体性の重要性を述べると「それは単なる都合のいい女では？」と反論したくなるかもしれませんね。

確かにこれは、ある意味では都合のいい女かもしれません。

ただ一方で、受け身で常に相手に何かをしてもらおうという考え方は、都合のいい女でもなく、都合の悪い女です。

いわゆる「都合のいい女」というのは、自己犠牲的な尽くし方をしている女性だと思います。

あるいは、ある一部のメリットしか提供できていない女性です。

例えば、セフレがそれに該当します。

主体的になることと闇雲に頑張ることは違います。

主体的になるとは、自分がしたいことやしたくないこと、お互いの関係性にとってプラスに作用するものとマイナスに作用するものを見極めて行動するということです。

また、もしも「自分から尽くすのは、自分だけが頑張っているみたいで損をしている」と思うのであれば、相手への気持ちがその程度であるということです。

何かを与えて、損をしていると感じるのであれば、それは見返りを求めているということであり、見返りがなければ与えないというのは、相手のことを「何かを与えてくれる存在」としか見ていません。

そのように考えると、主体的に生きるということは「愛する」ことと近いように思います。

「モテること」を経験してみる

多くの女性は不特定多数の人からモテるのではなく、1人の人から深く愛されたいと願っていると思います。

ただ僕は思うのですが、1人の人から愛される人というのは、多数からもモテることができる人です。

これは男女問わずいえると思います。

考えてみてほしいのですが、まったく誰からもモテない人が1人の人から愛されることは可能でしょうか。

おそらくあまり想像ができないと思います。

愛してくれる誰かというのは、結局のところ、大勢の中の1人なのです。

したがって、いきなり1人の人から深く愛されることを目指さずに、通過点として「モテること」を経験してみることも必要だと考えます。

では、実際にどのようにして「モテること」を実現させればいいのでしょうか。

まずはマッチングアプリなどを活用しながら、多くの異性と会ってみましょう。

注意してほしいのが、ここでの目的は恋愛をすることでも彼氏を作ることでもなく、「モテること」を経験するためだということです。

いろいろな人と会っていくうちに、何人かの人から好意を持たれると思います。

そのときになぜ好かれたのかを分析してみてください。

例えば「リアクションが大きめで楽しそうに話を聞いた」「嫌われることを気にせず自分の弱みを打ち明けることができた」というような感じです。

そして、分析した結果を元に、また何人かと会って検証をし、新しい仮説を作ってみてください。

そうしていると、どんな振る舞いが相手から好まれるのかが体感的にわかってきて、人間理解も深まります。

当然、それに伴い、コミュニケーション技術も磨かれ、余裕も生まれていきます。

それはつまり、好かれることと好かれないことを自分でコントロールできるように

なるということです。

これは好かれるべき人に好かれるため、そして好かれたくない人から自分を守るために大切なスキルです。

このように、最初から彼氏を作ろうとするのではなく、必要なスキルや知識を身につけていくことを優先すべきだと思います。

「相手を騙しているみたいで申し訳ない」と思う必要はありません。

マッチングアプリをしているからといって、相手に恋愛感情を持たなければならないという決まりなんてないからです。

あなたには人間関係を自分で選択する自由があります。

プロフィール欄に、「友達作りを目的としています」「会話の練習を目的としています」などと明記しておくのもいいと思います。

コミュニケーション技術を学び、人間理解を深めるツールとして、マッチングアプリを使ってみてください。

感謝の回路を作る

僕は、感謝というものは、思考の回路だと思っています。

この回路がない人は、どれだけ恵まれていたとしても、感謝することができず、不満ばかりを探し出してしまいます。

一方で感謝の回路が形成されている人は、出来事に大きな影響を受けず、絶えず何かに感謝の気持ちを持つことができ、生きているありがたみを見つけることができます。

では、その感謝の回路は、どのように作ればいいのか。

それは、とにかく感謝の言葉を先行させていくことです。

「言霊」という言葉があるように、私たちの感情や思考は、言葉と密接に結びついています。

つまり、感謝の気持ちがなかったとしても、感謝の言葉を伝えることによって、後から感謝の気持ちが芽生えていくということです。

これは執着心を減らしていくだけではなく、彼との関係を良好にするためにも非常に重要です。

僕は、電話相談で、「彼氏と良好な関係を築いていく上で、感謝することは必要不可欠」と常々言っています。

なぜなら、男性は何かをしてもらうことよりも、自分がしてあげたことを受け取ってもらったときに、大きな喜びや愛情を感じる傾向があるからです。

別の言葉で表現するならば、尽くされるよりも自ら尽くしたいということです。

男性は、自分が与えている愛情を女性に気づいてもらい、感謝されることによって、自分の存在意義を見出し、彼女から愛されている実感を持ちます。

したがって、彼との関係だけではなく、あらゆる人との関係において感謝する習慣を身につけておいたほうがいいでしょう。

最も重要なのは頼ること

そもそも「愛される」とはどのようなことなのでしょうか。

僕は1つの解釈として「無条件に受け入れられ、肯定されること」だと考えています。

いい面だけではなく、短所や弱点や未熟さなど、あらゆるところも含めて受け入れられるということです。

そうなると、相手に対して自分のいい面だけを見せ、取り繕っていては、愛されている実感を得ることはありません。

つまり、愛されるためには、自分自身の不完全な部分も知ってもらう必要があります。

しかし、これは相手を否定したり、傷つけてもいいということではなく、自分がどうしても苦手なことや自分だけではできないこと、困っていることや悩んでいることを伝え、相手に理解してもらい、協力してもらうということです。

これらをここでは「頼る」と定義します。

頼るということを具体的に述べていく前に、「頼る」と「依存」の違いを整理したいと思います。

「頼る」と「依存」の大きな違いは「自覚しているかどうか」です。

頼る場合は、自分の弱い部分や苦手なところを自分で把握し、その上で相手に援助要請をしています。

依存の場合は、相手によって自分が助けられ、成立していることに無自覚です。

だから、頼っている場合は感謝ができますが、依存している場合は感謝ができないことが多いです。

これが僕の考える「頼る」と「依存」の違いです。

では、どのように頼ればいいのか。

それは単純で、「求めていることを言葉にして伝える」です。

話を聞いてほしかったら、「話を聞いてくれると嬉しい」と伝えましょう。

抱きしめてほしかったら、「抱きしめてくれるだけでいいからお願い」と伝えましょう。

もちろん、こちらが何も言葉にしなくても、行動してくれる人もいます。

そういった場合は、それを認め、感謝を伝えましょう。

しかし、なかには察することができない人もいます。

それはあなたに対して愛情がないわけではなく、察する能力がない、あるいは困惑しているだけです。

相手が察することができなければ、こちらが言葉にして伝えるほかありません。

「してほしいことを自分で把握して、丁寧に言葉にして伝える。叶えてもらったら感謝の気持ちや喜びを精一杯表現する」、それが頼る上で大切です。

ただ一方で、頼ることに罪悪感を覚える人もいると思います。

しかし僕は、適切な頼り方はむしろ相手への贈与になりえると思っています。

なぜなら頼ることは、相手にもメリットがあるからです。

それは何かというと「役に立つ喜びを得ること」です。

僕たちは誰しも、「誰かの役に立ちたい、誰かを喜ばせたい」という欲求を持っています。

頼ることは相手の中の優しさを引き出し、役に立ちたいという欲求を満たすことにつながります。

特に男性の多くが、幼少期に戦隊ものにハマっていることからわかるように、ヒーローになりたい願望を強く持っています。

そのため、あなたが頼ることに罪悪感を覚える必要はありません。

もしも頼ったときに相手が寄り添ってくれないのであれば、それは愛情がないからかもしれません。

あなたが勇気を持って頼ることによって、相手の愛情を知ることができます。

楽観的な言葉を口癖にする

「どちらでもいい」「まあいっか」は執着の解放、「関係ない」は自他の分離、「きっとなんとかなる」は未来への希望、「ちょうどよかった」は現実の受容です。

それぞれの言葉には自分を方向づける意味と力があります。

例を挙げていきます。


「連絡が来ても来なくても、どちらでもいい」

「付き合えても付き合えなくても、どちらでもいい」

「元彼のことを思い出してしまったけど、まあいっか」

「周りがどんどん結婚しているけど、私には関係ない。私は私の好きなように生きる」

「友人から恋人のことを否定されたけど、私は今幸せだから関係ない」

「元彼が別れてすぐ恋人を作っているけど、私には関係ない。他人は他人。自分は自分」

「相手が脈ありかどうかは関係ない。自分ができることをして、ダメだったらそのときに考える」

「今は失恋したばかりで深く傷ついているけど、未来の私はきっとなんとかなる」

「初デート、緊張するけど、私はそのままで魅力的だからきっとなんとかなる」

「恋人の仕事が忙しくて今はなかなか会えないけど、ちょうどよかった。この際、私も今やるべきことに集中しよう」

「好きな人から振られてしまったけど、ちょうどよかった。悔しいから私はもっと自分を磨くことができる」

言葉というのは自分を縛ることもありますが、同時に、自分を解放させることも自分に勇気を与えることもできます。

言葉に支配されるのではなく、言葉を操作できるようになりましょう。

言葉を制するものが、人生を制します。

運動をする

電話相談をしていて、恋愛で悩んでいる人にライフスタイルを聞いてみると、驚くほど運動の習慣がなく、人と会って恋愛をするか、家の中で過ごすか仕事をしているかという生活を送っているようです。

家の中でじっとしていると、不安に襲われ、相手のことがますます頭から離れない状態になります。

これでは執着をしてしまうのも無理はありません。

悩みに苦しめられているときは、大抵何もしていないときなので、強制的に身体を動かして、考えにとらわれている状態から自分を解放させてあげることが重要です。

人は、散歩やジョギングをしながら悩むことは困難です。

ある研究によると、運動はストレスや不安を減らすだけではなく、あらゆる知的能力の向上にも効果があるそうです。

運動をするとBDNFと呼ばれる脳細胞の増加や成長を促すタンパク質が増え、それが記憶力や集中力、判断力の改善に効果があるようです。

また、散歩、ヨガ、ランニング、筋トレなど、どの運動の種類でも効果が期待できるようで、最も適切なのは週に2時間ほど運動することだそうです。

恋愛を操作するのは精神であり、その精神の入れ物は身体なので、恋愛と運動は、実際は大きく関係しています。

身体の機能を高める運動が、精神の健全性を保ち、それが恋愛にもいい効果をもたらしていきます。

運動の習慣を身につけ、恋愛に振り回されない人間を目指しましょう。

死について考え、生の有限性を意識する

私たちは、自分の人生が有限であり、いつか死ぬということを忘れがちです。

もしかしたら、それは1年後かもしれないし、1ヶ月後かもしれません。

老衰するまで生きていける保証はありません。

もしも、あと1ヶ月しか生きられなかったとして、あなたは今の生き方を続けるでしょうか。

おそらく多くの人が、今までやりたかったけどできなかったこと、やり残したことをしようとするのではないでしょうか。

もしも、自分の人生に対して納得感がなかったとしたら、今の生き方を改める必要があります。

今自分が執着をしていると思っている人は考えてみてください。

1ヶ月後に人生が終わるとして、それでもその執着を続けますか。

それでも続けると考えた場合、それは執着ではなく、きっとあなたの人生にとって大切なものです。

一方で、「続けずにやめる」と考えた場合、それは手放したほうがいい執着なのだと思います。

このように、死という視点から現在を照射することで、今抱えているものの正体が明らかになり、やるべきことが明確になっていくでしょう。

混色思考になる

68ページでお伝えしたように、恋人がいるかいないか、連絡が来るか来ないか、脈ありか脈なしか、付き合うか付き合わないか、どちらが悪いか、本当か嘘か、そのような白黒はっきりさせる思考癖は、結果的に自分を苦しめてしまうことがあります。

なぜなら、世の中には白黒はっきりできないことがあまりにも多いからです。

しかし私たちは、答えがほしくて、安心がほしくて、つい白黒思考になってしまいます。

確かに、効率的に物事を進める際には、白黒思考が有効にはたらくこともよくありますが、かたや恋愛の場合においては白黒思考がまったく通用しません。

例えば、連絡が来るか来ないかといった思考をしていると、「連絡が来たら幸せ、連絡が来なかったら不幸」という構造が作られ、連絡が来ることに固執してしまいます。

付き合うか付き合わないかという思考をしていると、「付き合えることが価値、付き合えないことが無価値」という構造になり、付き合うことが目的になりやすいです。

付き合うことが目的になると、自分も相手も苦しくなっていきます。

例えば、「早く関係をはっきりさせたい」と伝えることが相手を急がせることになり、それが負担になってしまうこともあります。

これは感情に置き換えても同じことがいえると思います。

私たちの感情は単純化できるものだけではなく、悲しいけどホッとしていたり、嬉しさと寂しさが混じっていたり、複雑で多様です。

そういったこともすべて白黒という枠の中に収めようとすると、当然無理が生じて、ありのままの感情を認めることができなくなります。

人や世界や関係性は、白黒はっきりとできる単純なものだけではなく、複雑で混沌としている混色なものばかりなのだと気づき、世界観を更新し続ける必要があります。

気になったことを聞く習慣を身につける

「彼が何を考えているかわからない」「彼に聞きたいことを素直に聞けない」といった悩みはよくあります。

私たちは相手の気持ちや思考を想像することはできても、的中させることはできないので、本人に話を聞かない以上、相手が何を考えているかがわからないのは当然のことです。

彼女たちの多くは、その場で気になったことを聞けないので、1人になったときに考え続け、あるときに感情が爆発するわけです。

そうならないようにするために、「気になったことはその場で聞く」を意識していくことが大切です。

特に「なんでそう思うの?」と聞くことは、理由や事情を引き出すことができ、相手の内面に迫ることができるので、テンプレとして頭に入れておきましょう。

例えば、次のようなことです。

- 「今は付き合うことを考えてない」「少し距離を置きたい」→「なんでそう思うの？」
- 「気持ちを伝えるのが苦手なんだ」「連絡、苦手なんだよね」→「なんで苦手なの？」

このように、気になったことは素直に聞くようにしてみましょう。

その際、重いとか嫌われるといったことを考える必要はありません。

気になることを聞いただけでマイナスな印象を抱く人がいるのであれば、それはその人自身の問題です。

むしろ気になることを聞けることは、積極性や好奇心があるというプラスな印象を与えますし、世の中には話を聞いてもらいたい人が多いので、相手の話をしっかりと聞けるだけで重宝されます。

また、このような「聞く習慣の確立」は、情報や知識を獲得しやすくなることや、相手の話をたくさん引き出し、深く理解することにつながります。

さらに、聞く対象を自分に向ければ、自己への理解も深まっていきます。

したがって、私たちは、今すぐ「聞くこと」を習慣化させるべきなのです。

表層だけで捉えない

ＬＩＮＥの頻度や「かわいい」や「好き」の言葉、会いにきてくれる回数、プレゼントの贈与、スキンシップなどは、わかりやすく捉えられる愛情といえますが、それを愛情の本質とみなしてしまうと、大事なものを見失うことになります。

彼女たちは、愛情が確認できなくなると、すぐに心が乾き、目に見える愛情に執着していきます。

これらの問題はすべて、「現実を表層でしか見ていない」という点にあると思います。

つまり、目に見えないことを想像する力や、客観的に考える力が欠如しているということです。

男性から「俺のことを信じてもらえなくて悲しい」「そんなに俺のことが信じられない？」と言われた経験はあるでしょうか。

その男性が相手を愛していたのであれば、悲壮な表情を浮かべ、無力感で自分を責めるでしょう。

そのような「自分の愛情を受け取ってもらえない」という経験が繰り返されると、男性は自信を喪失し、諦め、愛情が薄らいでいきます。

相手を表層のみで捉えてしまったことが原因で関係が破綻することは多く、別れてから女性が「彼と離れてから初めて愛情に気づいた。自分が未熟だった」と反省する声もよく耳にします。

また、相手との関係性が終わり、ほかの男性と交流したことで、以前付き合っていた彼から受けた愛情に改めて気づいたというケースもあります。

それほど、自分が期待している愛情と相手が与えようとしている愛情には大きな乖離があるということです。

「相手と自分は違う」と理解する

執着というのは、多くの場合、相手と自分を同一視し、所有化させてしまうところにあります。

例えば、

「私がこれだけ相手に真剣なのだから、相手も私に対して真剣なのだろう」

「私がされて嬉しいことは、相手もきっと嬉しいのだろう」

「私はこれが嫌だから、相手もきっと嫌なのだろう」

といったことが同一化の例です。

残念ながら、これらはすべて主観や妄想であり、現実ではありません。

仮にそうだとしても、このような同一化思考は、自分の期待と外れたときに大きな執着を生み出します。

では「相手と自分は違う」ということを、具体的にどのように理解すればいいのでしょうか。

僕は次のような視点が必要だと思います。

- 自分が大切に思っていることと、相手が大切に思っていることは違う
- 自分が相手をどれだけ好きかは、相手の好意の大きさや真剣度に関係がない
- 自分が与えたい愛情が、相手が受け取りたい愛情だとは限らない
- 自分が求める愛情と、相手が与えようとしている愛情は違う
- 自分が喜ぶことが、相手も喜ぶことだとは限らない
- 自分が嫌がることが、相手も嫌がるとは限らない
- 自分の生き方と、相手の生き方は違う

これらの前提に立って、主観や妄想で相手のことを決めつけず、対話を重ねながら客観的に相手を理解し、信頼関係を築いていくことが重要です。

ひいてはそれが、執着のない尊重し合える関係につながっていきます。

そして、「私は相手に執着しやすい」と自覚している人ほど、付き合った後ではなく、付き合う前にこのような関係の構築をすませておくことが大切です。

なぜなら、付き合った後で「彼は自分にとってふさわしい相手ではない」と判明したとしても、それは自分の選択の否定になるため、潔く別れられないことが多いからです。

したがって、付き合う前に「相手と自分は違う」ということを前提にコミュニケーションをとりながら、相手を客観的に理解していき、相手との違いを受け入れられるかをしっかり判断することを推奨します。

自発的な行動を起こす

私たちが愛情を感じ取るのは、相手からの「反応」による部分が大きいものです。
例えば、次のようなことが挙げられます。

- 好意を伝えたときに喜び、好意を返してくれる
- 目を見て話したときに、相手も目を見て話してくれる
- ほほえんだときに、ほほえみ返してくれる
- 嬉しい報告をしたときに、一緒になって喜んでくれる
- 何か提案したときに、それに対して感謝や喜びをあらわす
- 相手と異なる意見を伝えたときに、それを受け止め、興味を示す
- 勇気を出して本音を話したときに、受け止めてくれる
- 何か相談をしたときに、悩みに寄り添ってくれる
- 気になったことを聞いたときに、丁寧に答えてくれる

- 何か頼ったときに、快く引き受けてくれる
- 「嫌だ」と伝えたときにすぐにやめてくれ、反省の気持ちを表す
- ある行為に対して肯定的な反応をしたら、その行為を繰り返そうとする
- 好きな映画やドラマをおすすめしたら、それを観て、感想を伝えてくれる

このような反応を元に、私たちは相手からの愛情を実感します。

つまり、あなたの自発的な行動がなければ、愛情を実感する機会が得られないということです。

もしも自分を押し殺していたら、相手からは何も反応がないでしょう。

もしも自分を偽っていたら、相手の反応を素直に受け取ることはできないでしょう。

このように、自分の素直な行動や表現が相手の愛情を引き出し、それを実感することによって、あなた自身もさらに相手を愛することができ、愛情が循環されます。

あなた自身が愛情を実感できないなら、それはあなたに自発性がないからかもしれません。

真実の追求をやめる

執着している人ほど、「彼が言っていることは本当なのか、嘘なのか」「彼はもしかしたら浮気をしているのではないか」というように真実の追求をしています。

確かにこれは、相手のことを信じるために必要な態度であり、プロセスです。

しかし、相手のことを信じられるかの検証は、本来付き合う前にすませておくべきで、付き合ってからも真実に固執し、考え続けることにはあまり意味がありません。

また、相手が言っていることが真実なのかは、基本的に本人にしかわからず、確かめることができません。

自分の安心感のために相手のスマホを見たとしても、それは相手からの信用を大きく失墜させる行為につながります。

スマホの中にある事実が問題なのではありません。

スマホを見なければ相手のことを信用できないという関係性に問題があるのです。

結局のところ、これらの問題の本質は、「自分の見る目を信じていない」という点に尽きます。

自分の見る目に自信がないから、絶対的な安心感がほしくて、真実を追い求める。

でもそれをやってしまうと、自分自身が疲弊するだけでなく、相手の気持ちも離れていきます。

ではどうすればいいかというと、「どう考えたら私たちの関係はさらによくなるか」という視点で考えることです。

「どうすれば不安が埋まるか」ではありません。

もしもどうしても建設的な方向で考えられないのであれば、それは別れたほうがいいと思います。

心身の悲鳴を無視して付き合うことはできません。

不安を埋めようとしている限り、あなたは一向に安心することができません。

安心感を得るための真実の追求が、実は間違いであることを理解しましょう。

「真の経験」を刻んでいく

前章でも述べてきましたが、執着の大半は暇や日常の充実度の低さです。
そこで、日常を充実させていくために、真の経験を積み重ねていくことが重要です。
なぜ〝真の〟経験と表現したかというと、ただ単にやることを増やして忙しくする
ということではないからです。
いろいろな方の相談を聞いていると、多趣味であっても、執着に苦しんでいる人も
いるようです。
これは、やることそのものが目的化されていて、それが自分にとって重要な意味を
持つ「真の経験」になっていないことを示しています。
では「真の経験」とはなんでしょうか。
まずは、今あなたが強く記憶に残っているものを思い出してみてください。
おそらく、あなたの中で思い出として残っている記憶というのは、「どんな出来事

であったか」という客観的な事実というより、うまく再現できないような経験的な記憶であるはずです。

それは、感覚や味覚や匂い、声や音、感情や情動といった「内側で起こる変化や感動」ではないでしょうか。

そのような印象的な経験こそが、私たちを形作っていて、それが充実度に直結しているように思います。

では、そのような真の経験をしていくためには何が必要でしょうか。

僕は、次の2つが重要だと考えています。

1……自分自身の物語であること

これは僕の友人の話です。

彼はある日、道端で段ボールに入った薄汚れた猫を見つけました。

よく見ると、その猫は事故にあったようで、片方の後ろ脚を怪我しています。

しかし彼は、その猫を見た瞬間、愛おしさが溢れ、「絶対にこの猫は自分が飼うべきだ」と直感的に思い、その日から飼うことにしました。

その猫は怪我をしていただけでなく病気も持っていたので、動物病院で高額の治療費がかかりました。

世話は通常の猫よりも大変です。

けれど彼は、その猫を世界で最も愛し、最高の猫であると度々口にしました。

その猫をなくして、もう自分のほかの人生は考えられないとも言います。

なぜ彼は、その猫をここまで愛せるのでしょうか。

それは、彼とその猫の間に固有の物語が存在しているからです。

必然性を感じる運命的な出会いから始まり、手間や愛情をかけてその猫を世話していく過程の中で、彼とその猫の間に深く特別な絆が生まれ、真の経験に昇華されていっています。

彼の中では大切な記憶として自己の内部に刻まれ、他人には見えない価値を自らで発見しています。

このように、人生の中で自分自身の物語をどれだけ作れるかが充実度を決めるといえます。

2……没頭すること

私たちは大人になるにつれて、何かをするときにどうしても「それは意味があるのか」「役に立つのか」などと、コスパを考えがちです。

もちろん、自分を軌道修正していくために俯瞰して考えることは必要ですが、日常をすべて意味あるものとして捉えると、途端に味気ないものに変わってしまいます。

幼少期を思い出してほしいのですが、我を忘れて遊びに没入して、気がつけば時間が過ぎていたのではないかと思います。

なぜ大人になると没頭体験が希薄になるのでしょうか。

それはおそらく余計な雑念があるからだと思います。

例えば、「やらないといけない」という固定観念や脅迫観念、「愛されたい」「評価されたい」という承認欲求や他者の目、「周りがやっているから」という同調圧力、見栄、我慢、未来への心配、失敗への恐れなどです。

正直、これらは仕方がないことです。

なぜなら、私たちは雑念や刺激に塗(まみ)れた現実社会の中を生きているからです。

しかし、そういう現実社会からしっかりと距離を置くことはできます。

その方法として一番効果的なのが、没頭だと思います。

では、没頭を実現するためには何が必要でしょうか。


僕は2つのことが重要だと思います。

それは「内発的な動機に立って励むこと」「外界からの刺激を遮断すること」です。


「内面的な動機に立って励む」というのは、外部からの期待に応えようとするのではなく、「ワクワクする」という内なる好奇心や充実感といった快の気持ちを大切にするということです。

「やりたいことリスト」を作ってその中で優先順位を決めて、片っ端からやってみるのもいいと思います。

もしもやりたいことがまったく浮かんでこないなら、休息が必要かもしれませんし、それでもやりたいことがない場合は、散歩でもしながらやりたいことが浮かび上がるのを待ってみましょう。

それでも何も浮かばなかったら、今までやったことがないことをやってみましょう。

2つ目の「外界からの刺激を遮断すること」というのは、例えばスマホを遠ざけるといったことです。

スマホがあると通知や最新の情報などが気になって、没頭から遠ざかっていきます。

また、いったん目を閉じてみることも、外の世界に心を奪われないために有効です。

目を閉じて、心の内側を見つめてみましょう。

そのときに、モヤモヤした雑念が漂っていたとしても大丈夫です。

それも客観的に観察し、「今の自分の心はこういう状態である」と認めましょう。

心が静寂化してきたら、一気に没頭の世界に入っていきましょう。

タイマーで時間をセットしても、「はじめ！」と宣言してもいいと思います。

没頭する際は、とにかく無心でいることが重要です。

無心でいるとき、人は行為と意識が融合します。

例えば読書であれば、「ページをめくる」という行為が無意識でおこなわれ、心地いい状態が作られていきます。

そのような体験が真の経験となり、執着の人生から遠ざけてくれます。

哲学者ミルの言葉に、「幸福か否かを自らに問うことによって、人は幸福ではなくなる」というものがあります。

人は幸福になることを目的とした途端に、日々の生活や仕事がそのための手段に変わって、ますます幸福から遠ざかるというジレンマがあります。

むしろ、生活の一瞬一瞬を大切にして、そこに深く傾倒することで感じる充実感こそが幸福の実態なのだということです。

私たちは、明日のためだけに今日を生きているのではありません。

没頭とは「今ここ」での充実感であり、忙しく雑念に塗れた日常生活に潤いをもたらす体験となります。

記憶と相手を区別する

「元恋人が忘れられない」とか「あのとき言われたことが頭から離れずイライラする」といった経験は誰しもあると思います。

私たちはそのように過去のことを引っ張り出して、相手に対してあれこれ考えます。しかし、ここでの反応は「相手」ではなく「記憶」です。

相手に執着しているように見えますが、実際は過去の記憶にとらわれているだけなのです。

私たちは、自分に対しても相手に対しても「昨日と同じ人」だと思いがちですが、実際は同じ人ではありません。

名前や見た目は変わらないかもしれませんが、心が変化しています。

心理学によると、心は1日に「7万個」も想念を思い浮かべるそうです。

心がそれだけ変化しているということは、人は変わり続けているといえるでしょう。

相手を理解するために相手の過去を知ることはとても有効だと思いますが、それは単なる過去であって判断材料の1つにすぎません。

人は、どうしても相手に対して一貫した自我を求めますが、人の心は無常である以上、一貫性や統一性のある自我は存在しません。

要するに、相手に対して「変わってほしくない」「前のあなたに戻ってほしい」とどれだけ願ったとしても、それは相手を過去の記憶の中に閉じ込めることであり、通用するはずがないのです。

したがって、人と関わるときには「あの人はこういう人」「私はこんな人間」というような決めつけをするのではなく、「以前とは違った新しい人」という視点を持つ必要があると思います。

過去と現在、記憶と相手を切り離すことができれば、執着することも減っていくはずです。

物事をフラットに見る

今や「自己肯定感」という言葉が溢れ、定義も人によってさまざまです。

そして、多くの人を苦しめているのが、「自己肯定感を高めるためにもっと頑張らないといけない」「もっと自分を肯定しなければならない」という呪縛です。

しかし僕は、頑張ることも肯定することも必要ないと思っています。

自己肯定感と聞くと、どうしても「高めないといけない」というイメージが強いと思いますが、それは1つの思い込みにすぎません。

大切なのは、善悪や優劣の判断をしないことです。

例えば、恋人に怒りが湧いたとしても「私は感情的でダメな人だ」と判断をせずに、「私は今、怒っている」と冷静に受け止めることです。

元恋人に執着していたとしても、「私は執着を繰り返してしまうから、恋愛に向いていない」と判断をせずに、「私は今、執着をしている」と状態や事実だけを見ることです。

他人との比較においても同じです。

「○○ちゃんは彼氏と幸せそうなのに、私は彼氏がいなくて、人としての価値がないのではないか」と判断をするのではなく、「○○ちゃんには彼氏がいる。私には彼氏がいない。ただそれだけのこと」というように、ありのままを受け止めます。

善悪や優劣の判断、いわば自己否定というのは、反省した気分を与えてくれ、自分で自分を傷つけた分、何か許されたような錯覚をもたらします。

しかし、自己否定をしているとき、人は何も学ぶことができず、それは次への行動にもつながりません。

まずはフラットな見方を心がける必要があり、それが結果的に自己肯定感を安定させます。

感情を感じきる

喜び、悲しみ、怒り、恐怖、寂しさ、驚き、期待、嫌悪など、感情とは自然に発生するものです。

したがって、ネガティブな感情だからといって、抑え込み、無視をし続けると、それはどこかに残り続け、心や身体に不具合が起きてしまいます。

したがって、感情を感じきることが必要です。

では、どのようにすればいいのでしょうか。

まず心がモヤモヤしたときに「今の感情を言語化するとしたら、なんだろうか」と考えます。

「悔しい？　寂しい？　虚しい？　悲しい？　イライラする？」といったように自分の感情に最も当てはまる言葉を探していきます。

「悲しくて虚しい」といったように複数の感情が混ざっていてもかまいません。

気づき、言語化し、受容していくことが大切です。

例えば「イライラする」が一番しっくりきたならば、その感情だけに目を向けます。

そのとき、「彼氏が〇〇したから」とか「あのとき、〇〇していれば」などの思考は手放し、感情のみに向き合うのです。

「感じきる」というのは、「こちらから能動的に感情に関わる」というイメージです。

そんなふうに感情と関わっていくと、徐々に感情との付き合い方がわかってくるはずです。

感情との付き合い方がわかるということは、自分との付き合い方もわかってくるということであり、それはやがて自分をコントロールする力になり、執着心も手放しやすくなります。

感情はあなたの一部です。

感情を大切に扱うことは、自分自身を大切にすることです。

慈しみの心を持って、自分の感情と接していきましょう。

他者の承認に依存しすぎない

自分を承認することは、自己否定癖がなくなり、自分を受容できる土台ができた上で進めるフェーズであると考えています。

どういうことかというと、自己否定癖がある状態というのは、穴が空いたバケツ状態であり、どれだけそこに水（承認）を注いだとしても、すべてが流れてしまうということです。

つまり、まずは、自分のどこに穴が空いているのかを理解し、それを受容できた後に承認していくほうが望ましいです。

では、承認において大切なことはなんでしょうか？

それは、結果ではなくプロセスへの着目です。

結果というのは「彼氏ができた」「3キロ体重を落とした」「かわいいと言われた」といったことです。

これらは当然、不確実性が高く、自分ではコントロールしづらいです。

しかし、プロセスというのは、「私は1日にどれくらい取り組んだか」「何を心がけ、何を工夫したか」「この失敗から何を学んだか」といった自分の努力や意識によるものなので、コントロールしやすく、承認を確実に積み上げることができます。

これらは、思いついたときにやるだけではなく、習慣化させることが重要です。

コツは、今ある習慣と接続することです。

例えば、「お風呂を入っているときに今日1日で頑張ったことを唱える」「歯を磨いているときに最近の学びを頭の中で整理する」といったように、日常で当たり前にやっていることとセットにすると確実にできます。

さらに、ノートに書いて記録に残していけば、見直したときに再確認ができるので、より効果的です。

自己承認ができると、他者からの承認を必要以上に求めなくなるので、執着も手放しやすくなります。

本音で語れる人と話す

本音で話せる機会がなくなると、人は自分が思っていることがわからなくなり、相手に何かを伝えなければならない場面でも「自分が言いたいことがわからない」「思っていることを言葉にできない」といった状況になりやすいものです。

しかもそれは、我慢や抑圧になって、執着へと発展する可能性もあります。

さらに、本音というのは、自己肯定感とも深く関わっています。

なぜなら、自己肯定感というのは自己理解に基づいているからです。

「自分がふだん何を考えているのか」「何が好きで何が嫌いなのか」「何が得意で何が苦手か」など、自分について知らなければ、受容することも肯定することも不可能です。

知った上で、「これが自分なのだ」とポジティブに諦めることが自己肯定感の1つの在り方だといえます。

したがって、まずは信頼できる友人に本音を話すようにしましょう。

本音を話せる人がいないなら、カウンセリングを利用するのもいいと思います。

また、ノートに自分が思ったことを書くのもおすすめです。

その場合は、事実や思いや考えなどを書くだけでなく、それを他者に見立てて、コメントを書くことが有効です。

例えば、「彼氏に感情をぶつけてしまった」と書いたとします。

それに対して「そんな日もあるよね」「余裕がないときには会わないほうがいいかもね」「次から伝え方に気をつけよう」といった感じで、書いた内容に対して、自分が思ったことを横に書いていきます。

そうすることによって、起きた出来事を客観的に見つめることができ、冷静に分析できます。

大切なのは、自分自身と親密な関係になることです。

つらいときに自分で自分を癒すことは、自己信頼感を育み、他者への依存度を減らすことにもなります。

人は他人のことだと的確にアドバイスができても、自分の事情となるとそれがうまくできません。

理由は、自分を客観視できていないからです。

でも、ふだんからノートに自分が思っていることを書き記したり、内省の機会を持っていると、自分を外から眺める力、いわば客観視能力が身についていきます。

客観視能力はあらゆることにおいて、非常に汎用性が高く大事なスキルです。

人は自分が思うよりも自分のことがよくわかっていません。

自分の本音でさえ把握していない人も存在します。

他人の声が入ってきやすい現代だからこそ、静寂の中に身を置き、本音を1つひとつ拾っていく必要があります。

世間の騒がしさを利用して、自分の本音をごまかす人生はもうやめましょう。

自信という呪いから解放される

自信について、ここでは「ある行為や物事が想定通りに進むであろうという期待や判断」と定義しますが、実際は想定通りに進むかどうかはその時点ではわかりません。

仮にうまくいったとしても、状況は常に変わり続けるので、次もうまくいく保証はありませんし、過去の成功を元に「自信がついた」といっても、その自信が次の状況で通用するかどうかは別問題です。

結局のところ、自信というのは幻想でしかありません。

よく「根拠のない自信が大事」といいますが、根拠のない自信を持てたら人は苦労しませんし、そもそも僕は、根拠のない自信なんて必要ないと思います。

できるかどうかを判断することは不可能で、実際の選択肢は「やるかやらないか」です。

SNSやネットの記事には、「自信がある女がモテる」「自信があれば愛される」などの主張がありますが、あれは幻想を抱かせる呪いだと思います。

自信という不確かな概念に振り回され、過度に落ち込む必要はありません。

「自信がほしい」とも考えなくていいです。

なぜなら、自信は願って手に入るものではないからです。

自信について考えるよりも、自分のために時間とお金を使うほうが大切です。

ダイエットや筋トレや運動をする、ネイルをする、メイクの練習をする、自分に合う服や美容グッズを買う、憧れの人の真似をする、学びたいことを学ぶ、一緒にいて笑顔になれる人に会う、心が癒される場所に行く、おいしいものを食べるなどです。

自信があるかないかではなく、「今何をするか？」「これから何をするか？」という視点が重要です。

そのような自分のための行為の1つひとつが結果的に自信につながり、心の余裕になります。

彼を忘れる努力ではなく、新しさを作る努力をする

結局のところ、元恋人に執着するのは、「その彼からもたらされた楽しさ」を上回る楽しさがないからです。

この場合の執着というのは、「過去の楽しさを取り戻したい」という感情から生まれてくるものです。

しかし、その楽しさを取り戻すことはできないので、無理矢理彼のことを忘れようとするのですが、彼のことを忘れようとする努力はかえって逆効果です。

どんなに忘れたいと願っても、それは記憶を強化することにしかならず、余計に忘れられなくなるからです。

忘れる努力は必要ありません。

その代わり、新しさを作る努力をしてください。

なぜ新しさを作る努力が必要なのか。

それは私たちの「楽しい」という感情の総量を大きく左右するものが「新しさ」だからです。

私たちの脳は常に新しい刺激や混沌を求めていて、パターン化された日常を送っていると、「楽しい」という感情が鈍化して、飽きがきてしまいます。

今まで楽しめていたコンテンツが楽しめなくなるのも、コンテンツの質が低下したのではなく、自分が飽きてしまったからです。

それはあなたの感性が悪いのではなく、新しさが失われていて特別感を味わえなくなってしまったためです。

したがって、日常を慣れ親しんだもので埋めるのではなく、新しいものをどんどん取り入れるようにしてください。

私たちは簡単にできることよりも、少し困難性を感じられるもののほうが新しさを感じ、没頭しやすい傾向にあります。

例えば、やったことがないゲームやスポーツをしてみる、作ったことがない料理を作ってみる、使ったことがない楽器に触れてみる、まったく知らないことを学んでみる、などです。

それから、旅行もおすすめです。

旅行といっても、遠くに宿泊するような旅行だけではなく、今まで行ったことがないお店に行くとか、今まで利用したことがない駅を利用するといったことでもいいと思います。

ずっと家の中で過ごすよりも、外に出て新しさに触れていくほうが、あなたの人生に彩りや明るさがもたらされるでしょう。

人生に新しさが多ければ多いほど、あなたの人生は楽しくなり、元恋人から与えられた楽しさに執着する必要性が薄まります。

「納得」を目指す

「正しさ」は基準が外側にありますが、「納得」はすべて基準が内側にあります。

執着を手放すためには「いかに納得できるか」というところに向かって考え、行動していくことが重要です。

では、納得を目指すために必要なことはなんでしょうか。

それは「問い続けること」と「今を大切に生きること」です。

「問い続ける」というのは自分を見つめ、内なる声に耳を傾けていくことです。

それは世俗的な生き方から離れ、他者の目を気にせず、世間の声にとらわれずに「こうあるべき」「こうすべき」を取り除いていくことです。

「今を大切に生きる」というのは、今立っている場所から生きるということです。

幸せを待つのではなく、ないものを探すのではなく、今できることを大切に、今見えるものを大切に、今あるものを大切にすることです。

学びだけが自分を救う

自分を救うのはいつだって学びです。

学びこそが、失敗を塗り替え、訪れた現実を意味づけ、執着との決別へ導きます。

この経験は自分の人生にとってどんな学びをもたらしたか、この傷はどんな気づきを与えたか、この後悔から得られる教訓は何か、それらを見つけ、掴み取ることで、あなたはよりよい道へ進むことができます。

出会った意味に気づくのは、その人と会えなくなってから、ということもあります。

大切な人との別離の経験は、大きな悲しみをもたらしますが、人生には悲しみを通じてしか開けない扉があり、進めない道があります。

まずは、「あなたに出会えてよかった」と語るところから始めてみましょう。

別れや喪失は、すべての終わりではなく、新しい自分や、新しい出会いのはじまりにすぎません。

おわりに

自分を愛し、自分が納得できる人生を選ぼう

『その恋、ただの執着です』を読んでくださり、ありがとうございました。

今から僕が述べることは、これまで述べてきたことと、もしかしたら矛盾してしまうかもしれません。

でも最後にどうしても伝えたいので、ここに書きたいと思います。


執着をしてもいいです。何かに執着している人を、僕は愛おしいなと感じます。

なぜかはわかりませんが、愛おしいです。

まったく執着のない人生なんて、それはそれで味気ないと思います。

だから、今もしあなたが何かに執着しているなら、その執着している自分を、丸ごと愛してあげてください。

あなたが愛さなかったとしても、僕はあなたを認めます。

だって、あなたは頑張って生きているじゃないですか。

こうやって本を手に取り、何かを学ぼうと、何かを変えようと、自分を見つめようと、懸命に生きています。


今までだって、きっとたくさんのことを乗り越えてきたと思いますし、こんな大変な時代に、しっかりと生き続けていることは、それだけですごいことです。

だから大丈夫です。


でももし困ったら、誰かを頼ってください。

頼ることは、生きる力であり、愛を受け取る契機になります。

もし誰もいなかったら僕に相談してください。

僕はあなたの生き方を尊重したいです。

僕はあなたの味方です。応援しています。

あなたが納得のいく人生を歩めますように。

見知らぬミシル

いい女は、"去る者"を追わない
その恋(こい)、ただの執着(しゅうちゃく)です

2023年 2月28日　初版発行
2024年 8月 8日　4刷発行

著　者……見知(みし)らぬミシル
発行者……塚田太郎
発行所……株式会社大和出版
東京都文京区音羽1-26-11　〒112-0013
電話　営業部03-5978-8121／編集部03-5978-8131
https://daiwashuppan.com
印刷所／製本所……日経印刷株式会社
装幀者……喜來詩織（エントツ）

ISBN978-4-8047-0619-1